Alberto Palazzi

Informatica Quantistica per Programmatori e Investitori

il glifo ebooks

ISBN: 9788897527534
Copyright © *il glifo*, Dicembre 2020 (A)
www.ilglifo.it

Indice

1. Introduzione

Una spiegazione per programmatori e investitori

Perché questo libro si rivolga insieme a programmatori e investitori, si capirà pienamente dopo averlo letto. Preliminarmente, diciamo che riguardo al computer quantistico ci sono due domande:

1) quando si riuscirà a costruirne uno efficiente?

2) quali problemi potrà risolvere?

I libri sull'informatica quantistica che sono stati scritti contengono nozioni di carattere diverso: parlano con maggiore o minore dettaglio dei principi fisici (quantistici) che governano i fenomeni subatomici, espongono la matematica necessaria per lo studio della fisica quantistica (algebra lineare), e infine trattano l'informatica quantistica. In questo libro i lettori non troveranno alcuna nozione riguardante i principi fisici, e riguardo alla matematica troveranno solo la parte applicata necessaria all'informatica quantistica, che consiste di algoritmi per operazioni aritmetiche su vettori e matrici di numeri complessi. Poi su questa base i lettori troveranno la descrizione dei gate quantistici e degli algoritmi quantistici più celebri, con implementazione in linguaggio C. Il computer quantistico sarà descritto come una black box hardware che è in grado di trasformare un dato input in un dato output, come accade sempre nei testi di informatica, nei quali le nozioni riguardanti l'elettronica dei semiconduttori sottostante ai calcoli sono solo accennate e potrebbero anche essere completamente omesse.

Perciò, questo libro non ha alcuna risposta per la domanda 1. Se mai e quando si riuscirà a costruire un computer quantistico efficiente, è domanda tale che richiede una completa conoscenza ed esperienza della fisica quantistica per poter azzardare una risposta.

Invece, leggendo questo libro i lettori si ritroveranno in possesso di una risposta precisa alla seconda domanda: se questa notte il diavolo, come nelle favole, costruisse un computer quantistico perfettamente efficiente e stabile, e capace di gestire una matrice di qubit di dimensioni considerevoli, il giorno dopo per quali scopi potremmo utilizzarlo? Va detto subito che la particolarità dello hardware quantistico sarà quella di eseguire in un solo atto, un solo cambiamento di stato della macchina, certe operazioni su matrici che gli odierni computer basati sul principio della macchina di Turing devono eseguire mediante l'iterazione di numerosi cicli innestati l'uno dentro l'altro, e quindi con tempi di esecuzione considerevoli, e per certi problemi con tempi talmente espansi da non consentire soluzioni tecnicamente utili. Eseguendo con un solo mutamento di stato trasformazioni dell'input corrispondenti a un certo numero (idealmente molto grande) di cicli di un computer classico, si legge e si sente dire che il computer quantistico sarà in grado di tagliare drasticamente il tempo di esecuzione per operazioni di cifratura e crittografia, e per il ritrovamento di soluzioni a problemi di alta complessità come quelli di logistica, ottimizzazione, schedulazione, ricerca operativa ecc.

Come ciò possa avvenire, può essere compreso mediante l'emulazione degli algoritmi quantistici mediante il computer classico disponibile oggi, anche se ovviamente l'emulazione non avrà alcuna utilità pratica perché l'emulazione di un algoritmo quantistico senza lo hardware quantistico richiederà sempre risorse di calcolo maggiori di quelle richieste per eseguire il corrispondente algoritmo non quantistico. Cioè, supponiamo di dover eseguire una trasformazione di una matrice che il computer quantistico eseguirà in un solo mutamento di stato della macchina. Supponiamo che quella stessa trasformazione mediante un algoritmo realizzabile su un computer classico richieda la ripetizione di, poniamo, mille o un milione di cicli. Bene, se provassimo a ottenere lo stesso risultato con un algoritmo classico che emula un algoritmo quantistico, come vedremo e come è immaginabile, avremo bisogno di un numero di cicli molto maggiore dei mille o del milione dell'algoritmo classico, e avremo anche bisogno di allocare una quantità di memoria molto maggiore. Vedremo nel seguito, per esempio, come l'emulazione su computer classico dell'algoritmo di Shor per la ricerca dei fattori di un numero sia enormemente meno efficiente di qualsiasi elementare algoritmo per la ricerca dei fattori primi.

Questo libro è scritto per *programmatori* perché per leggerlo è necessario soltanto possedere le nozioni basilari comuni di informatica (gate logici, diagrammi di flusso, linguaggi di programmazione). Gli esempi sono scritti in linguaggio C nel modo più piano e senza uso di costrutti che non siano elementari, sicché chiunque sappia leggere un qualsiasi linguaggio di programmazione potrà capirlo. Lo scopo del libro è quello di condurre il lettore a comprendere la logica degli algoritmi quantistici descritti nel capitolo 6, e perciò tutto quanto esposto nei capitoli da 2 a 5 è enormemente semplificato e ridotto al minimo indispensabile: la scelta deliberata è stata quella di dare al lettore solo le premesse necessarie per comprendere il flusso logico e i calcoli degli algoritmi quantistici, che si suppone sia l'obiettivo del lettore, e per questa ragione i capitoli precedenti quello dedicato agli algoritmi quantistici contengono solo le informazioni che sono condizione necessaria alla comprensione.

È importante mettere bene a fuoco che la conoscenza della parte puramente informatica degli algoritmi quantistici non è soggetta a nessuna limitazione per il fatto di prescindere completamente dalle caratteristiche fisiche dello hardware. La riprova sta nel fatto che leggendo questo libro il lettore potrà implementare ed eseguire gli algoritmi quantistici sul proprio PC ottenendo i risultati previsti dalla teoria: quindi la conoscenza degli algoritmi quantistici sarà tanto completa da permetterne l'applicazione e la verifica. Ciò riprova anche che gli algoritmi quantistici in se stessi non richiedono lo hardware quantistico, così come la CPU di un computer teoricamente si potrebbe costruire con mezzi meccanici anziché sfruttando proprietà elettroniche: ma se ne otterrebbe una macchina troppo lenta per essere utile a qualcosa, esattamente come accade emulando gli algoritmi quantistici con il computer classico oggi esistente.

Poiché questo libro consente a chi abbia le cognizioni di un *programmatore* di capire esattamente a cosa potrebbe servire un computer quantistico, una volta costruito, esso risolve almeno metà del problema che si pongono gli *investitori* nel momento di valutare se e quanto sia opportuno rischiare investendo sullo sviluppo dell'informatica quantistica. Perciò gli investitori (investitori privati, consulenti, gestori di fondi di investimento, gestori di fondi di finanziamento delle iniziative tecnologiche ecc.), se non posseggono personalmente i prerequisiti necessari per capire questo libro, potrebbero servirsene incaricando qualche esperto di informatica di loro fiducia di leggerlo, capirlo e fare relazione riguardo al risultato.

Bibliografia e verifica

Questo libro è una presentazione semplificata della teoria esposta con completezza in due trattazioni fondamentali, che sono:

- Nielsen, Michael & Chuang, Isaac L., *Quantum Computation and Quantum Information*, Cambridge University Press, 2000 e 2010
- Yanofsky, Noson S. & Mannucci, Mirco A., *Quantum Computing for Computer Scientists*, Cambridge University Press, 2008.

Tutto quanto nel seguito verrà asserito in maniera descrittiva e come dato di fatto, senza dimostrazioni e senza citazioni, può essere verificato e approfondito mediante lo studio di questi due volumi, che il lettore che abbia assimilato questo libro probabilmente troverà più agevole di quanto non sembri a prima vista.

La circostanza che siamo ormai nel 2020 è poco importante: questi due libri espongono la base teorica della materia in un modo che è consolidato, e nei dieci e più anni che sono passati non si è realizzato altro che qualche progresso nella costruzione dei prototipi dello hardware. Questo è confermato dalla lettura di un'altra trattazione molto recente, più semplice e tuttavia rigorosa:

- Bernhardt, Chris, *Quantum Computation for Everyone*, The MIT Press, 2019

la quale discute i gate quantistici e i cinque algoritmi fondamentali (accennando solo a quello di Shor) esattamente nello stesso modo dei trattati precedenti, né contiene alcunché di nuovo dal punto di vista dello sviluppo del software.

Rispetto a questi trattati, la nostra trattazione manca completamente sia della parte fisica sia delle dimostrazioni delle proprietà numeriche su cui si fondano gli algoritmi quantistici, ed è orientata a favorire la comprensione concreta degli algoritmi mediante l'implementazione; tuttavia lo stato delle cose e le potenzialità del computer quantistico che vengono messi in luce dalla nostra trattazione corrispondono esattamente alle conclusioni che chiunque può trarre dalla lettura attenta di quei libri più complessi e completi. I lettori quindi sono caldamente invitati a usare questo libro per prendere confidenza con la materia, e poi a studiare la materia in maniera più astratta e rigorosa nei trattati citati, i quali a chi assimila questo libro non appariranno più così complessi come accade a chi si accosta per la prima volta a questi argomenti. Il primo libro da leggere è quello di Bernhardt del 2019, che per molti lettori avrà un rigore teorico più che soddisfacente, e fornisce anche una minima introduzione alla fisica sottostante al funzionamento dello hardware.

Non siamo a conoscenza di opere semplificate e divulgative utili: i libri più semplici che abbiamo consultato sono tutti costruiti in modo troppo generico per consentire alcuna comprensione della materia. E in particolare sconsigliamo i lettori di partire dai linguaggi di programmazione quantistici, che come punto di partenza sono incomprensibili, mentre per il lettore che abbia compreso gli algoritmi quantistici fondamentali sono una conseguenza ovvia ed estremamente semplice. Comunque, per una trattazione più semplice e aggiornata orientata ai linguaggi di programmazione, si può consultare:

- Radovanovic Aleksandar, *Quantum Computing Illustrated*, qpibook, 2020.

Progetto QcNooq e download del codice sorgente

Il codice degli esempi di programmazione che viene citato nel libro contiene solo le istruzioni necessarie per la comprensione degli algoritmi. Consigliamo di leggere attentamente il libro una prima volta senza preoccuparsi di eseguire il codice: se non si comprende ciò che si legge nel libro, il codice sorgente non sarà di aiuto.

Chi volesse potrebbe implementare la propria emulazione dei cinque algoritmi usando il solo codice citato nel libro, e aggiungendo le istruzioni necessarie per l'output e la verifica dei risultati. Comunque, tutto il codice sorgente è disponibile in Visual C per Windows. Il progetto si chiama *QcNooq* ed è descritto in Appendice 1, con le istruzioni per l'uso in ambiente Windows e in altri ambienti.

Informazioni pratiche

Questo libro è disponibile in ebook su molti ebook store e anche in formato cartaceo su Amazon. Il formato è stato progettato in modo da rendere il libro leggibile anche sul piccolo schermo di un ebook reader, ma con inevitabili limitazioni, per cui qualche lettore preferirà il formato cartaceo.

Notazione

Il simbolo ▶ richiama l'attenzione su fatto che le linee successive contengono una definizione da ricordare.

Talvolta nel corso del testo vi sono note e chiarimenti accessori, o parti che possono essere lette rapidamente da chi già conosca i dettagli discussi: queste parti del testo sono in corpo tipografico leggermente più piccolo.

La notazione dei frammenti di codice sorgente è quella del linguaggio C, di cui sono usati i costrutti più semplici e simili a quelli di ogni altro linguaggio, che si assumono conosciuti dal lettore. Comunque qualche spiegazione è aggiunta per chiarire ciò che non è del tutto ovvio. Poiché il linguaggio C è usato correntemente nelle parti discorsive del testo, quando per leggibilità ciò è opportuno i nomi lunghi di variabili sono sottolineato come in questo esempio: "il risultato si legge nella variabile <u>mresult</u>".

Gli indici di vettori e matrici nel corso del testo vengono indicati nel modo più semplice dato il contesto, quindi con pedici quando li si guarda dal punto di vista matematico, e con la notazione del C quando si fa riferimento all'implementazione. Così per un vettore di numeri reali potremo avere la notazione v_n oppure: double v[N], e per un suo elemento v_j nel primo caso e v[j] nel secondo.

Per i circuiti quantistici si userà la notazione usata generalmente da tutti i testi, e la introdurremo al momento opportuno.

2. Numeri complessi

2.1 Aritmetica dei numeri complessi

Probabilmente tutti i lettori di questo libro ricordano le nozioni basilari che riguardano i numeri complessi. Qui richiamiamo solo quelle che saranno utilizzate nell'implementazione del codice per emulare gli algoritmi quantistici; lo studio della fisica quantistica e dello hardware del computer quantistico invece richiederebbe il ripasso completo, a cominciare dalla rappresentazione geometrica dei numeri complessi in coordinate polari.

L'equazione $x = \sqrt{(-1)}$ non ha soluzione, perché non esiste un numero che moltiplicato per se stesso dia -1. Perciò si definisce l'unità immaginaria $i=\sqrt{(-1)}$, che ha la seguente proprietà:

$i^1 = i$;
$i^2 = -1$; (perché $\sqrt{(-1)} \times \sqrt{(-1)} = -1$)
$i^3 = -i$; (perché $-1 \times i = -i$);
$i^4 = 1$; (perché $-\sqrt{(-1)} \times \sqrt{(-1)} = 1$)

e poi si ricomincia di quattro in quattro: $i^5 = i$, $i^6 = -1$,... e così via. Costruendo la serie decrementando l'esponente, e quindi dividendo per i, vediamo che:

$i^1 = i$;
$i^0 = 1$;
$i^{-1} = -i$;
$i^{-2} = -1$;
$i^{-3} = i$; ecc.

e con ciò abbiamo verificato anche che $i^0=1$, come per ogni altro numero.

Un numero complesso c è costituito da una parte reale, che è un numero reale, e da una parte immaginaria, ovvero da un secondo numero reale che fa da moltiplicatore dell'unità immaginaria. Sicché un numero complesso si rappresenta come:

$$c = a+bi$$

Nel software *QcNooq* e negli esempi di codice sorgente del seguito utilizzeremo per i numeri complessi il tipo qx così definito:

```
typedef struct s_qx { double a; double b; } qx;
```

Ricordate, nella lettura degli esempi che seguono, che in C le inizializzazioni parziali di una struttura riempiono di zeri le parti non inizializzate, e quindi quando vogliamo inizializzare un qx alla sola parte reale possiamo usare le seguenti dichiarazioni:

- inizializzazione completa (corretta) con due numeri in virgola mobile:

```
qx number = {1.0, 0.0};
```

- inizializzazione dei due membri con due interi; la conversione a virgola mobile è implicita:

```
qx number = {1, 0};
```

- inizializzazione del solo membro a; b viene inizializzato a 0.0:

```
qx number = {1};
```

Operazioni sui numeri complessi

La somma di due numeri complessi è un numero complesso ottenuto sommando gli addendi membro a membro, quindi se $c_0=a_0+b_0i$ e $c_1=a_1+b_1i$, $c_0+c_1=(a_0+a_1)+(b_0+b_1)i$. Il codice che implementa la regola è una funzione che ritorna un numero complesso dopo avere eseguito la somma dei membri:

```
extern qx qx_add(qx c0, qx c1)
{
qx result;
  result.a = c0.a + c1.a;
  result.b = c0.b + c1.b;
  return result;
}
```

Se c=a+bi, −c= −a+−bi, quindi per cambiare segno a c il codice è:

```
extern qx qx_negate(qx c0)
{
qx result;
  result.a = −c0.a; result.b = −c0.b;
  return result;
}
```

Con ciò abbiamo già anche la regola per la sottrazione, dato che c_0-c_1 è eguale a $c_0+(-c_1)$.

La moltiplicazione di due numeri c_0 e c_1 si esegue applicando la formula:

$$c_0 \times c_1 = (a_0 \times a_1 - b_0 \times b_1) + (a_0 \times b_1 + a_1 \times b_0)i$$

e il codice corrispondente è:

```
extern qx qx_mul(qx c0, qx c1)
{
qx result;
  result.a = (c0.a * c1.a) - (c0.b * c1.b);
  result.b = (c0.a * c1.b) + (c1.a * c0.b);
  return result;
}
```

▶ Il MODULO di un numero complesso è indicato con la notazione $|c|$ e se $c=a+bi$ la definizione del modulo $|c|$ è: $|c| = \sqrt{(a^2+b^2)}$. Il modulo è un numero reale, non complesso. Spesso si userà la quantità *modulo quadrato*, che è: $|c|^2 = (a^2+b^2)$, e che anche ovviamente è reale. Il codice che calcola il modulo quadrato è:

```
extern double qx_modulus_squared (qx c1)
{
// modulus squared:
double result = (c1.a * c1.a)+(c1.b * c1.b);
  return result;
}
```

La formula per la divisione di due numeri complessi richiede il modulo quadrato del divisore ed è la seguente:

$$c_0 / c_1 = ((a_0a_1+b_0b_1) / |c_1|^2) + ((a_1b_0-a_0b_1) / |c_1|^2)i.$$

Ovviamente l'operazione non è definita se il modulo del divisore è pari a zero, e per questo il codice corrispondente è in una funzione alla quale non facciamo ritornare il risultato complesso, ma l'esito dell'operazione, che fallisce se il modulo del divisore è pari a zero. Il risultato dell'operazione viene assegnato a una variabile complessa di tipo qx della quale passiamo l'indirizzo &resp:

```
extern BOOL qx_div(qx c0, qx c1, qx *resp)
{
// modulus squared of divisor:
double ms = (c1.a * c1.a)+(c1.b * c1.b);
  // we cannot divide by zero:
  if (ms == 0) return FALSE;
  resp->a = ((c0.a * c1.a) + (c0.b * c1.b))/(ms);
  resp->b = ((c1.a * c0.b) - (c0.a * c1.b))/(ms);
  return TRUE;
}
```

La chiamata a questa funzione sarebbe implementata ad esempio così:

```
qx c0, c1, division;
c0.a = xxxx; // assign values to c0 and c1
```

```
if ( qx_div(co, c1, &division) == TRUE )
{
  ...; // Successful call, continue program
}
else
{
  ...; // Unsuccessful call, signal error
}
```

▶ Il CONIUGATO di un numero complesso c è il numero complesso $c^{coniugato}$ nel quale soltanto la parte immaginaria cambia segno. Quindi se c=a+bi, $c^{coniugato}$=a–bi:

```
extern qx qx_conjugate(qx c0)
{
qx result;
  result.a = c0.a; result.b = -c0.b;
  return result;
}
```

Per lo scopo della nostra trattazione, non serve altro che queste poche nozioni.

3. Operazioni su vettori e matrici di numeri complessi

Perché abbiamo introdotto i numeri complessi? La ragione è che la fisica quantistica utilizza numeri complessi, anziché reali, per esprimere la probabilità di certi mutamenti di stato dei suoi oggetti.

Dobbiamo considerare questa come una scelta introdotta dai fisici per ragioni di opportunità, senza bisogno di domandarcene la ragione, e dobbiamo tenere conto soltanto della differenza con le probabilità espresse per mezzo di numeri reali. Quando le probabilità dei diversi esiti di un fenomeno sono espresse in numeri reali, si richiede che la somma delle probabilità dei diversi esiti possibili sia 1. Quindi se abbiamo quattro biglie, di cui due verdi, una rossa e una blu, diremo che estraendone una a caso la probabilità di estrarre il verde è 0.5, quella di estrarre il rosso è 0.25, quella di estrarre il blu è anche 0.25, e la somma delle probabilità è 1.0. Se esprimiamo le probabilità con numeri complessi, cioè con coppie di numeri reali coordinate secondo le regole dell'aritmetica dei numeri complessi, come lo studio quantistico di certi fenomeni subatomici ha scelto di fare, allora il requisito diventa che non la semplice somma, ma la somma dei moduli quadrati $|c|^2$ delle probabilità dell'esito di un evento sia pari a 1. Quindi, quando avremo a che fare con un fenomeno che ha eguale probabilità di terminare nello stato A o nello stato B, diremo che gli stati A e B hanno non lo 0.5 di probabilità, come avverrebbe se usassimo probabilità reali, ma hanno ciascuno probabilità pari a $1/\sqrt{2}$. Infatti, questo soddisfa il requisito che la somma dei moduli quadrati sia 1, perché $(1/\sqrt{2})^2 + (1/\sqrt{2})^2 = 1/2 + 1/2 = 1$. Non chiediamocene la ragione: consideriamo tutto ciò una convenzione alternativa a quella applicata preferendo le probabilità reali, e tutto funzionerà egualmente, a patto di attenerci sempre alle conseguenze logiche di questa convenzione applicata in modo univoco.

Nel seguito dovremo eseguire operazioni su vettori (array) e su matrici di numeri complessi applicando le regole opportune. Definiremo alcuni metodi per eseguire certe operazioni, di cui quella più comune sarà la moltiplicazione di una matrice per un vettore, e potrà capitare che i vettori e le matrici su cui opereremo non contengano numeri complessi, ma numeri reali, o anche interi o semplici valori booleani. Questo non ha nessuna importanza: potremo trattare i dati sempre con il nostro tipo qx, corrispondente ad a+bi, perché quando b è uguale a 0, tutte le funzioni implementate funzioneranno egualmente trattando la sola parte reale dei numeri. Torniamo sopra a vedere le regole per la moltiplicazione e la divisione di numeri complessi: se b=0, nel caso della moltiplicazione la regola non fa altro che moltiplicare le parti reali, e nel caso della divisione esegue $c_0/c_1 = ((a_0a_1)/a_1^2)$, cioè a_0/a_1 con una ridondanza irrilevante per il risultato finale. È chiaro che se dovessimo scrivere del software a scopi pratici che dovesse eseguire milioni di moltiplicazioni e divisioni varrebbe la pena di ottimizzare i casi e non eseguire le funzioni per parametri complessi qx quando non è necessario. Ma se lo scopo è solo quello di comprendere la logica degli algoritmi quantistici, per semplicità possiamo trattare tutti i tipi di numeri con le operazioni dei numeri complessi, ed è ciò che faremo nel seguito.

Per quanto riguarda la notazione, nel seguito tutte le funzioni che eseguono operazioni su vettori e matrici di numeri complessi avranno come parametro:

- le dimensioni dei vettori o matrici in input, secondo il caso;
- gli indirizzi di base dei vettori o delle matrici in input;
- l'indirizzo di base del vettore o matrice risultante, che deve essere allocato dalla funzione chiamante e deve avere la dimensione necessaria.

Quindi i parametri hanno sempre il tipo qx *, puntatore a qx, e quando si tratta di matrici la chiamata richiede il cast per rispettare il prototipo.

Ad esempio, la seguente funzione elementare cambia il segno a tutti gli elementi di una matrice e la copia nella matrice che si suppone allocata come <u>mresult</u>:

```
extern void qx_matrix_negate(int m, int n, qx *m0,
 qx *mresult)
{
int j,k;
  for (j = 0; j < m; ++j) {
   for (k = 0; k < n; ++k) {
    mresult[(j*n)+k] = qx_negate(m0[(j*n)+k]);
   }
  }
}
```

Se dovessimo applicarla a una matrice di dimensione [3][4], dovremmo procedere come segue:

```
// matrice su cui operare, da inizializzare con i
 valori voluti:
qx matrix[3][4];
// matrice che accoglie il risultato del cambio di
// segno:
qx matrix_minus[3][4];
// i primi due parametri danno alla funzione le
// dimensioni della matrice
// gli altri due parametri passano l'indirizzo di
// base delle due matrici in input e in output:
// si noti il cast al tipo "puntatore a qx",
// indispensabile:
qx_matrix_negate(3,4, (qx *)matrix, (qx
 *)matrix_minus);
```

Tutte le funzioni sono scritte come quella di questo esempio, considerano nei parametri le matrici come vettori di una dimensione e quindi sviluppano esplicitamente il calcolo dell'indice per riga e colonna dell'elemento su cui operare. Se dovessimo sviluppare software con scopi applicativi più complessi, sarebbe opportuno introdurre controlli sulle dimensioni degli elementi in input e output.

La convenzione è quella del linguaggio C, per cui se la dimensione di un vettore è N, lo si percorre con indice j che va da 0 a N–1. Tutti gli indici si assumono cominciare da zero e non da uno.

Per i lettori ai quali non risultasse chiara l'implementazione di qx_matrix_negate().

I lettori che hanno esperienza solo dei linguaggi di programmazione più semplici potrebbero trovare qualche difficoltà a comprendere la funzione qx_matrix_negate() descritta sopra. La seguente spiegazione vale per tutte le altre funzioni simili del seguito.

Nei linguaggi di programmazione noi possiamo dichiarare matrici di due o più dimensioni, come ad esempio m[2][3], m[2][3][6], ecc.; ma in ogni caso la matrice sarà rappresentata come una sequenza di oggetti in un segmento di memoria lineare che avrà un indirizzo di base e indirizzi crescenti. Il primo elemento della matrice avrà lo stesso indirizzo che si considera indirizzo della matrice complessiva. Quindi ad esempio la matrice char m[3][2] sarà rappresentata così in memoria:

elemento:	m[0][0]	m[0][1]	m[1][0]	m[1][1]	m[2][0]	m[2][1]
indirizzo:	base+0	base+1	base+2	base+3	base+4	base+5

Se la matrice ha m righe e n colonne, l'elemento di riga j e colonna k si può esprimere con m[j][k], con $0{\leq}j{\leq}m$ e $0{\leq}k{\leq}n$. Ma se vogliamo scrivere funzioni per eseguire operazioni su matrici di due dimensioni di qualsiasi grandezza, il modo più semplice è quello della nostra funzione. Dentro la nostra funzione non si può usare l'espressione m[j][k], perché al compilatore è stato dichiarato che i parametri sono gli indirizzi di base delle matrici in input e di output senza specificare le lunghezze, e le lunghezze effettive sono passate alla funzione soltanto a runtime. Tuttavia, per indirizzare l'elemento m[j][k] è sufficiente usare l'indice [(j*n)+k]: la riga è j*n, la colonna è k. Si noti che ((j*n)+k) deve essere moltiplicato anche per la lunghezza degli oggetti della matrice (nel nostro caso la lunghezza di qx, che è di 16 byte), ma a questo provvede automaticamente il compilatore, al quale è stato detto che gli indirizzi passati come parametri alla funzione sono oggetti del tipo qx, dei quali il compilatore conosce la grandezza. Si noti anche che questo metodo è il più veloce possibile a runtime, e che dovendo scrivere un programma che esegue milioni di operazioni sarebbe preferibile a costrutti più complessi, anche se forse più leggibili a prima vista.

3.1 Vettori

Le operazioni sui vettori di numeri complessi qx vector[N] di cui dobbiamo tenere conto sono le seguenti:

▶ Somma di due vettori, che si esegue semplicemente sommando membro a membro tutti gli elementi. I vettori devono avere la stessa dimensione, altrimenti l'operazione non è definita:

```
extern void qx_vector_add (int size, qx *v0, qx
 *v1, qx *vresult)
{
int k;
  for (k = 0; k < size; ++k)
  {
   vresult[k] = qx_add(v0[k], v1[k]);
  }
}
```

▶ Negazione di un vettore, che cambia segno a tutti gli elementi:

```
extern void qx_vector_negate(int size, qx *v0, qx
 *vresult)
{
int k;
  for (k = 0; k < size; ++k)
  {
   vresult[k] = qx_negate(v0[k]);
  }
}
```

▶ Moltiplicazione *scalare* di un vettore per un numero, che moltiplica tutti gli elementi per il numero. I parametri in ingresso sono il moltiplicatore scalare c0 e il vettore v0:

```
extern void qx_vector_smul (int size, qx c0, qx
 *v0, qx *vresult)
{
int k;
  for (k = 0; k < size; ++k)
  {
    vresult[k] = qx_mul(c0, v0[k]);
  }
}
```

Spesso ci servirà anche conoscere la sommatoria dei moduli quadrati di un vettore di numeri complessi, sicché la nostra libreria contiene anche la funzione seguente:

```
extern double qx_vector_moduli_squared_sum (int
 size, qx *v0)
{
double result = 0.0;
int k;
  for (k = 0; k < size; ++k)
  {
    result += qx_modulus_squared(v0[k]);
  }
  return result;
}
```

la quale non aggiunge nulla a quanto sinora sappiamo.

3.2 Matrici

Tutti gli esempi di algoritmi useranno matrici a due dimensioni, del tipo qx matrix[M][N]. Per le matrici si possono eseguire:

▶ la somma membro a membro di matrici di eguale dimensione,

▶ il cambio di segno, e

▶ la moltiplicazione per uno scalare.

Il codice è ovvio:

```
extern void qx_matrix_add (int m, int n, qx *m0, qx
 *m1, qx *mresult)
{
int j,k;
  for (j = 0; j < m; ++j) {
    for (k = 0; k < n; ++k)
```

```
    {
     mresult[(j*n)+k] = qx_add(m0[(j*n)+k],
      m1[(j*n)+k]);
     }
   }
}
extern void qx_matrix_negate(int m, int n, qx *m0,
 qx *mresult)
{
int j,k;
  for (j = 0; j < m; ++j) {
   for (k = 0; k < n; ++k)
    {
     mresult[(j*n)+k] = qx_negate(m0[(j*n)+k]);
    }
   }
}
extern void qx_matrix_smul (int m, int n, qx c0, qx
 *m0, qx *mresult)
{
int j,k;
  for (j = 0; j < m; ++j) {
   for (k = 0; k < n; ++k)
    {
     mresult[(j*n)+k] = qx_mul(c0, m0[(j*n)+k]);
    }
   }
}
```

Oltre alle precedenti, sono definite le seguenti operazioni su una matrice:

▶ TRANSPOSE (simbolo A^T): data A[m][n], A^T[m][n] è la matrice in cui ogni elemento A[j][k] è spostato in A^T[k][j]. La funzione deve avere output distinto dall'input, perché se si operasse direttamente sull'input procedendo nel ciclo i dati originali verrebbero via via sostituiti e con il progredire dell'operazione parte degli elementi dell'input non sarebbero più disponibili:

```
extern void qx_matrix_transpose (int m, int n, qx
 *m0, qx *mresult)
{
int j,k;
  for (j = 0; j < m; ++j) {
   for (k = 0; k < n; ++k)
    {
```

```
    mresult[(k*m)+j] = m0[(j*n)+k];
  }
 }
}
```

▶ CONJUGATE (simbolo $A^{coniugato}$): data A[m][n], $A^{coniugato}$ [m][n] è la matrice in cui ogni elemento complesso [j][k] è sostituito dal coniugato, cioè il numero complesso in cui la parte immaginaria cambia segno. È ovvio che se i numeri sono reali la coniugazione non modifica niente. La funzione volendo potrebbe modificare direttamente l'input, ma per omogeneità costruiamo sempre il risultato in un'area di memoria separata:

```
extern void qx_matrix_conjugate (int m, int n, qx
 *m0, qx *mresult)
{
int j,k;
  for (j = 0; j < m; ++j) {
   for (k = 0; k < n; ++k)
   {
    mresult[(j*n)+k] = qx_conjugate(m0[(j*n)+k]);
   }
  }
}
```

▶ ADJOINT (detto anche DAGGER, simbolo A^+): data A[m][n], A^+[m][n] è la matrice trasposta e coniugata. Quindi:

```
extern void qx_matrix_adjoint (int m, int n, qx
 *m0, qx *mresult)
{
int j,k;
  for (j = 0; j < m; ++j) {
   for (k = 0; k < n; ++k)
   {
    mresult[(k*m)+j] = qx_conjugate(m0[(j*n)+k]);
   }
  }
}
```

▶ La moltiplicazione di due matrici (simbolo *) è definita solo se esse hanno una dimensione comune (il numero delle colonne della prima deve essere uguale al numero di righe della seconda). Se abbiamo A[m][n] e B[n][p], la moltiplicazione A*B dà una matrice C[m][p]. Mediante questo criterio possiamo moltiplicare anche un vettore per una matrice ottenendo un nuovo vettore. Infatti il vettore

A[n] equivale a una matrice A[1][n] ed eseguendo A[1][n] * B[n][p] il risultato è un vettore C[1][p].

Per la moltiplicazione di due o più matrici, ricordiamo nel seguito che vale A*(B*C)=(A*B)*C, mentre NON VALE in generale A*B = B*A.

Per eseguire in generale la moltiplicazione A[m][n] * B[n][p], dobbiamo costruire la matrice C[m][p] e poi assegnare a ogni elemento C[j][k] la sommatoria dei prodotti di ogni elemento della riga [j] della matrice A per la colonna [k] della matrice B. Così la funzione generale, utilizzabile per vettori e matrici, è:

```c
extern void qx_matrix_mmul(int m, int n, int p, qx
 *m0, qx *m1, qx *mresult)
{
  // un numero complesso inizializzato a zero:
  qx qx0 = {0,0};
  qx element;
  int i,j,k;
  for (j = 0; j < m; ++j) {
   // devo comporre la matrice m, p
   for (k = 0; k < p; ++k)
   {
    mresult[(j*p)+k] = qx0;
    // Columns in the first must be equal to rows
    // in the second - parameter n
    for (i = 0; i < n; ++i) {
     // ogni membro contiene la sommatoria
     // dell'elemento i della riga
     // di m0 (j riga) moltiplicato per l'elemento
     // i della stessa colonna di m1 (j colonna)
     element = qx_mul(m0[(j*n)+i], m1[(i*p)+k]);
     mresult[(j*p)+k] = qx_add(mresult[(j*p)+k],
      element);
    }
   }
  }
}
```

Per capire gli esempi di applicazione nel seguito, talvolta durante la lettura sarà necessario eseguire a mente o a mano moltiplicazioni di piccoli vettori o matrici, quindi facciamo attenzione allo schema della procedura. Se si ha una matrice A[2][2] e una B[2][3], per eseguire A*B si deve allocare la matrice C[2][3] e poi popolarla in questo modo:

3. Operazioni su vettori e matrici di numeri complessi

	0	1	2
0	A[0][0]*B[0][0]+ A[0][1]*B[1][0]	A[0][0]*B[0][1]+ A[0][1]*B[1][1]	A[0][0]*B[0][2]+ A[0][1]*B[1][2]
1	A[1][0]*B[0][0]+ A[1][1]*B[1][0]	A[1][0]*B[0][1]+ A[1][1]*B[1][1]	A[1][0]*B[0][2]+ A[1][1]*B[1][2]

Se si ha un vettore A[2] (cioè A[1][2]) e una matrice B[2][3], per eseguire A*B si deve allocare il vettore C[3] (cioè C[1][3]) e poi popolarlo in questo modo:

	0	1	2
0	A[0]*B[0][0]+ A[1]*B[1][0]	A[0]*B[0][1]+ A[1]*B[1][1]	A[0]*B[0][2]+ A[1]*B[1][2]

Vedremo nel seguito che la moltiplicazione di una matrice quadrata per un vettore è un'operazione fondamentale negli algoritmi quantistici. Notiamo che la moltiplicazione di un vettore per un altro esige che essi abbiano la stessa lunghezza e che li consideriamo uno orizzontale e l'altro verticale, e il risultato è uno scalare. Infatti per moltiplicare A[N] e B[N] dobbiamo considerarli come due matrici A[1][N] e B[N][1], e il risultato è una matrice C[1][1], cioè un semplice scalare complesso.

La moltiplicazione A*B non è commutativa, quindi come abbiamo già detto in generale non vale A*B = B*A. Però va ricordato che vale:

$$(A*B)^+ = (B^+ * A^+).$$

Nel progetto *QcNooq* si trovano esempi di moltiplicazione (*QcNooq* 3.A e 3.B).

Alcune definizioni riguardanti la matrici quadrate (con M=N) sono indispensabili.

▶ La MATRICE IDENTITÀ I_n è la matrice quadrata di dimensione N dove gli elementi in cui j = k hanno valore 1, e quelli dove j ≠ k hanno valore 0. Quindi ad esempio la matrice I_3 è:

1	0	0
0	1	0
0	0	1

e per una matrice quadrata A[n][n] si ha la proprietà:

$$A*I_n = A = I_n*A.$$

▶ Una matrice quadrata A di dimensione [n] è INVERTIBILE se esiste una matrice A^{-1} tale che $A * A^{-1} = A^{-1} * A = I_n$.

▶ Una matrice quadrata U di dimensione [n] è UNITARIA se U $*$ $U^+ = U^+ * U = I_n$.

Le matrici unitarie saranno fondamentali nel seguito. Il codice che testa se una matrice è unitaria è il seguente. Qui per la prima volta il codice non è immediato perché per sapere se una matrice U è unitaria bisogna sviluppare l'ADJOINT U^+ (trasposta e coniugata), eseguire la moltiplicazione $U*U^+$ e paragonare tutti i membri. La moltiplicazione è sviluppata internamente alla funzione ma non è conservata. Per paragonare due numeri complessi occorre usare un metodo che è: qx_complex_equal_enough(). Questa è la funzione generale:

```
extern BOOL qx_matrix_is_unitary(int m, qx *m0)
{
qx qx0 = {0.0,0.0};
qx qx1 = {1.0,0.0};
qx item1, total_sum;
qx element;
int i, j, k;
int n = m, p = m; // per leggibilità
  for (j = 0; j < m; ++j) {
   // devo comporre la matrice m, p
   for (k = 0; k < p; ++k)
   {
    total_sum = qx0;
    // Columns in the first must be equal to rows
    // in the second:
    // parameter n
    for (i = 0; i < n; ++i)
    {
     // ogni membro contiene la sommatoria
     // dell'elemento i
     // della riga di m0 (j riga) moltiplicato per
     // l'elemento i della
     // stessa colonna di m1 (j colonna)
     // questo è quello da prendere, ma conjugato:
     item1 = qx_conjugate (m0[(k*p)+i]);
     element = qx_mul(m0[(j*n)+i], item1);
     total_sum = qx_add(total_sum, element);
    }
    if (j == k)
    {
     if (! qx_complex_equal_enough(total_sum,qx1))
      return FALSE;
```

```
    }
    else
    {
      if (! qx_complex_equal_enough(total_sum,qx0))
        return FALSE;
    }
  }
}
  return TRUE;
}
```

A titolo di esempio, notiamo che la seguente matrice U[3][3] è unitaria:

$\cos\theta$	$-\sin\theta$	0
$\sin\theta$	$\cos\theta$	0
0	0	1

Poiché gli elementi sono tutti reali, per ottenere U^+ occorre solo eseguire la trasposizione ottenendo:

$\cos\theta$	$\sin\theta$	0
$-\sin\theta$	$\cos\theta$	0
0	0	1

e la moltiplicazione $U*U^+$ dà una matrice identità, perché sviluppandola abbiamo:

$\sin^2\theta+\cos^2\theta$	$\sin\theta\times\cos\theta - \sin\theta\times\cos\theta$	0
$\sin\theta\times\cos\theta - \sin\theta\times\cos\theta$	$\sin^2\theta+\cos^2\theta$	0
0	0	1

Ricordando che $\sin^2\theta + \cos^2\theta = 1$, vediamo che i valori dei membri dove j=k sono pari a 1, e gli altri a 0. Nel progetto *QcNooq* punto 3.C si trova la verifica mediante la funzione qx_matrix_is_unitary().

Un dettaglio relativo all'implementazione di quanto stiamo costruendo riguarda la funzione:

BOOL qx_complex_equal_enough (qx c0, qx c1).

Il tipo qx è una struttura, e perciò l'espressione:

$$\text{if } (c0 == c1)$$

non è definita, e il compilatore la rifiuterebbe. Per paragonare due numeri complessi, l'implementazione banale sarebbe:

$$\text{if } (c0.a == c1.a \ \&\& \ c0.b == c1.b),$$

ma volendo eseguire veramente il codice con esempi numerici bisogna tenere conto dell'approssimazione dei calcoli in virgola mobile, che eseguendo moltiplicazioni e divisioni e poi nuove moltiplicazioni sugli stessi numeri sicuramente si manifesterà. Cioè, moltiplicando un numero double in virgola mobile per un dato fattore, poi dividendolo per lo stesso fattore, può capitare e capiterà che il numero ottenuto differisca da quello iniziale di un fattore il cui ordine di grandezza può essere attorno a 10^{-15}. Pertanto bisogna definire una soglia di precisione che ci si aspetta dalle proprie operazioni in virgola mobile, e implementare il test di uguaglianza di due numeri complessi in questo modo:

```c
#define QX_DOUBLE_PRECISION (1.0e-12)
// anche (1.0e-14) potrebbe funzionare
extern BOOL qx_complex_equal_enough (qx c0, qx c1)
{
qx diffe;
  diffe.a = c0.a - c1.a; diffe.b = c0.b - c1.b;
  if (diffe.a < - QX_DOUBLE_PRECISION || diffe.a >
   QX_DOUBLE_PRECISION)
   return FALSE;
  if (diffe.b < - QX_DOUBLE_PRECISION || diffe.b >
   QX_DOUBLE_PRECISION)
   return FALSE;
return TRUE;
}
```

▶ Una matrice quadrata A è HERMITIANA se $A^+ = A$. La verifica è semplice, ogni elemento A[j][k] deve essere uguale al coniugato di A[k][j]:

```c
extern BOOL qx_matrix_is_hermitian(int m, qx *m0)
{
int j, k;
  for (j = 0; j < m; ++j)
  {
    for (k = 0; k < m; ++k) {
     if (k == j) continue;
     if (! qx_complex_equal_enough(m0[(k*m)+j],
      qx_conjugate(m0[(j*m)+k])))
       return FALSE;
    }
  }
  return TRUE;
}
```

Nel progetto *QcNooq* punto 3.D si trova la verifica mediante la funzione qx_matrix_is_hermitian(). Notiamo che una matrice quadrata può essere unitaria e/o hermitiana. Se una matrice è sia unitaria sia hermitiana, allora eseguendo due volte il prodotto della matrice per un vettore, il vettore torna nello stato originario: A*A*V = V. In *QcNooq* 3.D c'è un esempio numerico (in cui si manifesta l'approssimazione dei calcoli in virgola mobile).

▶ PRODOTTO TENSORIALE. Un'operazione che sarà eseguita di frequente è il prodotto tensoriale, tensor product, che si rappresenta con il simbolo $\otimes$. Se abbiamo una matrice m0[M][N] e una matrice m1[P][Q], per eseguire il prodotto tensoriale m0 $\otimes$ m1 dobbiamo costruire una matrice mresult[M*P][N*Q] replicando M*N volte la prima matrice sostituendo ogni membro con una matrice di dimensioni [P][Q] nella quale si assegna a ogni elemento il membro del primo fattore moltiplicato per il membro corrispondente del secondo.

Ad esempio, se m0[2][2] è:

a	b
c	d

e m1[2][3] è:

e	f	g
i	j	k

il prodotto tensoriale m0 $\otimes$ m1 è la matrice mr[4][6] seguente, in cui, come si vede, ogni elemento di m0 è sostituito dal prodotto di se stesso per l'intera m1:

a×e	a×f	a×g	b×e	b×f	b×g
a×i	a×j	a×k	b×i	b×j	b×k
c×e	c×f	c×g	d×e	d×f	d×g
c×i	c×j	c×k	d×i	d×j	d×k

L'algoritmo è il seguente, e come si vede vengono eseguite M×N×P×Q moltiplicazioni (nel caso dell'esempio qui sopra, 2×2×2×3 = 24):

```
extern void qx_matrix_tensor_product(int m, int n,
 int p, int q, qx *m0, qx *m1, qx *mresult)
{
int j,k, a,b, row,col;
  // la matrice di destinazione avrà le dimensioni
  // m * p, n * q
  // percorro m0 sulle sue dimensioni
  for (j = 0; j < m; ++j)
  {
    for (k = 0; k < n; ++k)
    {
```

```
// percorro m1 sulle sue dimensioni
for (a = 0; a < p; ++a) {
  for (b = 0; b < q; ++b)
  {
    //indici nella matrice di destinazione:
    row = a +(j*p);
    col = b +(k*q);
    mresult[row*(n*q) + col] = qx_mul(m0[j*n+k],
     m1[a*q+b]);
  }
 }
 }
}
```

▶ INNER PRODUCT. L'inner product è un'operazione su vettori di eguale lunghezza che si rappresenta con il simbolo $\langle v_0, v_1 \rangle$ e restituisce uno scalare pari alla sommatoria dei prodotti dei valori v0[k]*v1[k]. L'inner product di vettori di numeri complessi richiede di moltiplicare il coniugato degli elementi v0[k] per v1[k], e pertanto la funzione generalizzata è la seguente, che percorre i vettori, calcola il coniugato di v0 e accumula la sommatoria dei prodotti:

```
extern qx qx_vector_conjugate_and_inner_product(int
 size, qx *v0, qx *v1)
{
qx vx, cresult = {0,0};
int k;
  for (k = 0; k < size; ++k)
  {
    vx = qx_conjugate(v0[k]);
    vx = qx_mul(vx,v1[k]);
    cresult = qx_add(cresult,vx);
  }
  return cresult;
}
```

Data la definizione del coniugato, se la parte immaginaria è zero qx_coniugate() non ha effetto. Per provare la funzione, cfr. *QcNooq* 3.F.

Un caso notevole di inner product è quello su vettori di bit. Se i dati in ingresso sono vettori di bit, lo scalare risultante deve essere a sua volta un bit. Quindi il risultato della routine generalizzata andrebbe corretto prendendo il resto della sua divisione intera per due. Infatti, se i due vettori di bit fossero v0=[101] e v1=[101], $\langle v_0, v_1 \rangle$ darebbe:

$1\times1+0\times0+1\times1 = 2$. Ma 2 non è un valore per un bit, quindi il valore da assumere sarebbe 2%2=0. In altri termini, l'inner product su bit è la parità del numero dei casi in cui (v0[k]==1 && v1[k]==1). Poiché in uno degli algoritmi quantistici useremo l'inner product di piccoli vettori di bit, è utile definire anche una funzione per calcolare l'inner product su bit quando i vettori di bit sono rappresentati come unsigned int (quindi vettori di 32 o 64 bit, secondo l'implementazione), che è:

```
extern char qx_bit_inner_product(int size, unsigned
 int v0, unsigned int v1)
{
unsigned int vr, test;
int k;
char parity = 0;
  vr = v0 & v1;
  for (test = 1, k = 0; k < size; ++k, test <<= 1)
  {
    if (vr & test) parity = 1-parity;
  }
  return parity;
}
```

La procedura funziona così: si esegue l'AND logico sui bit dei due numeri (vettori di bit) in ingresso, ottenendo vr. Si percorre vr dal bit meno significativo commutando la parità ogni volta che si incontra un bit uguale a 1 in vr. Il parametro della lunghezza del vettore serve perché si darà il caso di voler conoscere l'inner product di vettori di lunghezza minore di quella massima (vettori ad esempio di 3 bit, 7 bit, ecc.), rappresentati nei bit meno significativi dei parametri. La funzione restituisce il tipo char perché il tipo bit non è implementato, ma a rigore dovrebbe restituire un bit. Per provare la funzione sui bit, cfr. *QcNooq* 3.G.

Prima di proseguire la lettura, prendete familiarità con le nozioni precedenti, alle quali si farà riferimento molte volte. Accertatevi di essere in grado di tornare indietro a consultare la definizione di queste operazioni su matrici quando le useremo nel seguito.

3. Operazioni su vettori e matrici di numeri complessi

4. Bit e Qubit

4.1 Stati di base ed evoluzione degli stati

Supponiamo di avere un oggetto che può trovarsi in uno tra n stati, due o più. Ad esempio, una moneta che poggia su un piano mostrando testa o croce (uno di due stati), una sfera che può trovarsi in uno stato stabile quando cade in una delle sei buche di un biliardo (sei stati possibili), o un reagente chimico che può prendere un certo colore in un insieme finito di possibilità, o una bandierina che può puntare a Nord o a Sud in un campo magnetico, e così via. Dati n stati possibili, l'oggetto fisico in questione può essere nello stato x_0, x_1, ... x_i, ... x_{n-1}. Se lo stato è determinato, possiamo rappresentare la condizione dell'oggetto con un vettore di n numeri dove lo stato x_i in cui l'oggetto si trova ha il valore 1, mentre gli altri stati possibili hanno 0. E quindi se ad esempio gli stati possibili sono quattro e l'oggetto si trova nel secondo di essi, il vettore sarà: [0,1,0,0]. Si usa un simbolo detto *ket*, $|x\rangle$, per rappresentare gli stati secondo questa convenzione:

$|x_0\rangle$ significa [1,0, ... 0]

$|x_1\rangle$ significa [0,1, ... 0]

$|x_i\rangle$ significa [0,0, ... 1, ... 0]

$|x_{n-1}\rangle$ significa [0,0, ... 1]

Il lettore probabilmente avrà pensato istintivamente che il vettore sia un vettore di bit, ma questo non basterebbe. Supponiamo di avere ora non l'oggetto in uno stato determinato, ma una certa probabilità di ritrovarlo in uno degli n stati possibili. Il vettore allora diventa il vettore delle probabilità di ciascuno degli stati possibili, che potrebbero essere espresse da numeri reali, ma che la fisica quantistica, come sappiamo e per ragioni che non discutiamo, sceglie di esprimere con numeri complessi.

▶ Con la notazione $|\psi\rangle$ intendiamo uno stato arbitrario, cioè un vettore di coefficienti complessi per n stati:

$$|\psi\rangle = c_0|x_0\rangle + c_1|x_1\rangle + \ldots + c_{n-1}|x_{n-1}\rangle$$

e quindi per noi un $|\psi\rangle$ corrisponde a un vettore di numeri complessi qx psi[N]. $|\psi\rangle$ è detto *sovrapposizione* (superposition) degli stati di base. I coefficienti complessi sono detti *ampiezze complesse* (complex amplitudes), e questa denominazione dei coefficienti ci suggerisce che fisicamente tutto ciò abbia a che fare con equazioni d'onda: ma questo riguarda il funzionamento dello hardware, e come sempre ne prescindiamo. Ci serve solo sapere che avremo ora a che fare con un macchina che ci consente di fare le seguenti operazioni basilari su un certo oggetto fisico (la macchina ovviamente sarà la circuiteria di un computer quantistico, che noi guardiamo come una macchina teorica, considerando solo la logica del funzionamento):

- mettere l'oggetto in un dato stato iniziale, che sarà espresso con un $|x_i\rangle$;

- modificare l'oggetto agendo su esso con un'azione fisica di qualche natura (agitando il sistema, riscaldandolo, investendolo con frequenze elettromagnetiche, qualsiasi cosa) in modo tale che vi sia non più uno stato determinato $|x_i\rangle$, ma vi siano certe probabilità di trovare poi l'oggetto in uno degli n stati possibili: $|x_i\rangle$ viene sostituito da un $|\psi\rangle$;

- infine, misurare lo stato dell'oggetto, cioè rilevare lo stato in cui si trova dopo avere agito su di esso, che sarà uno stato $|x_k\rangle$ eguale o diverso da $|x_i\rangle$. Nei fenomeni quantistici la misurazione ha una proprietà particolare: essa modifica a sua volta, con un'azione fisica, lo stato sovrapposto $|\psi\rangle$ e restituisce un valore $|x_k\rangle$ di un solo bit. Dopo la misurazione, non è più possibile ritornare allo stato $|\psi\rangle$.

Il processo è descritto con una similitudine abbastanza esatta dal semplice esempio del lancio di una moneta:

- prima del lancio la moneta appoggia su una superficie solida e presenta testa o croce, e quindi è in uno stato determinato $|x_i\rangle$ tra due possibili;

- mentre la moneta è in aria, testa e croce hanno probabilità 0.5; quindi $|x_i\rangle$ viene sostituito da $|\psi\rangle = 0.5|x_0\rangle + 0.5|x_1\rangle$ (o meglio $(1/\sqrt{2})|x_0\rangle + (1/\sqrt{2})|x_1\rangle$, per quanto abbiamo detto sulla probabilità totale all'inizio del capitolo 3);

- quando la moneta cade su un piano, essa torna a mostrare testa o croce, e il vettore $|\psi\rangle$ delle probabilità non esiste più. La forte decelerazione che avviene incontrando il piano corrisponde all'operazione di misurazione: essa investe il sistema con un azione violenta che ne modifica radicalmente lo stato, sicché non possono essere eseguite successive operazioni sul vettore $|\psi\rangle$.

Le azioni compiute sul sistema possono essere più di una. Se il sistema è in uno stato iniziale $|x_i\rangle$, possiamo agire una prima volta e avere, ad esempio, $|\psi_0\rangle = (1/\sqrt{2})|x_0\rangle + (1/\sqrt{2})|x_1\rangle$, poi agire una seconda volta con un'operazione fisica che aumenta la probabilità di x_0 diminuendo quella di x_1 e avere ad esempio $|\psi_1\rangle = (\sqrt{3}/\sqrt{4})|x_0\rangle + (1/\sqrt{4})|x_1\rangle$, e così via. La misurazione riporta il sistema a uno stato determinato $|x_i\rangle$ e non consente l'esecuzione di ulteriori trasformazioni degli stati intermedi $|\psi_n\rangle$. Si può soltanto intraprendere una nuova sequenza di operazioni a partire dallo stato determinato finale.

Grazie a questo si comincia a intravedere in che cosa consista il calcolo quantistico: se sappiamo che una data azione ha date probabilità conosciute di trasformare uno stato iniziale in uno finale, l'esecuzione fisica dell'azione su un oggetto in uno stato iniziale conosciuto dà luogo a un output che è equivalente, o comincia ad assomigliare, al risultato di un calcolo.

Prima della misurazione finale, cioè prima dell'azione fisica finale che rileva lo stato dell'oggetto dopo le altre azioni a cui è stato esposto, ogni stato x_i ha la probabilità:

$$p_i = |c_i|^2 / \||\psi\rangle\|^2$$

che noi possiamo calcolare con le nostre funzioni:

```
double probability;
qx ci = ....;
qx psi[N] = { .... };
probability = qx_modulus_squared(ci) /
  qx_vector_moduli_squared_sum(N, psi);
```

Data la definizione, si ha $0 \leq p_i \leq 1$. La probabilità ricondotta a numero reale mediante l'elevazione al quadrato si comporta come accade comunemente con le probabilità reali.

Poiché in seguito emuleremo l'esecuzione degli algoritmi quantistici, che finiscono con una misurazione, ci serve una funzione che data una sovrapposizione $|\psi\rangle$ restituisca uno stato in modo tale che eseguendo la funzione un grande numero di volte gli stati risultanti siano distribuiti secondo le probabilità espresse in $|\psi\rangle$. Dobbiamo vedere quindi come si può implementare l'emulazione software dell'operazione di misurazione.

Supponiamo di avere quattro stati possibili e una sovrapposizione $|\psi\rangle$ che ha le seguenti probabilità (tralasciamo di assegnare la parte complessa per semplicità):

```
qx v0[4] = { {2,0}, {0,0}, {3,0}, {1,0} };
```

e quindi:

$$\||\psi\rangle|^2 = 2\times2+0+3\times3+1 = 14.$$

Le probabilità reali sono $\{4/14, 0, 9/14, 1/14\}$. Per estrarre stati casuali con distribuzione corrispondente, dobbiamo immaginare di disporre i dati su una linea con intervalli pari alla probabilità reale di ogni stato possibile, e quindi nel nostro caso avremmo:

x_0 indice da 0 a 3	x_1	x_2 indice da 4 a 12	x_3 indice 13
L_I_I_I_I		L_I_I_I_I_I_I_I_I	L_I

Qui a x_1 non corrisponde nessun segmento perché x_1 ha probabilità 0. Ora per restituire uno stato dobbiamo generare un numero casuale compreso tra 0 e 13, vedere in quale segmento cade, e restituire lo stato $|x_i\rangle$ corrispondente estratto. La funzione che implementa questo costruisce il vettore binario di zeri, con un unico valore $= 1$ in corrispondenza del caso estratto. Se la misurazione ha successo la funzione ritorna TRUE e costruisce il vettore binario corrispondente a $|x_i\rangle$, mentre ritorna FALSE se la misurazione fallisce per errore nei dati in ingresso. Si sfrutta qx_double_equal_enough() per correggere l'approssimazione dei calcoli in virgola mobile, e si suppone di avere una funzione qx_random() che ritorna un numero casuale intero r con $0 \leq r \leq$ QX_RANDOM_MAX, dove QX_RANDOM_MAX è un numero grande abbastanza per i nostri esperimenti. In input ci sono la dimensione e il vettore in input, e lo spazio per costruire il vettore in output (che è di numeri complessi per omogeneità, ma potrebbe essere un vettore di byte o di bit):

```
extern BOOL qx_state_measurement (int size, qx *v0,
 qx *mresult)
{
double total_probability;
double *probabilities;
int k, resindex;
int random_extracted;
  // let us allocate a temporary buffer for real
  // probabilities corresponding to complex input
  probabilities = (double *)malloc(size *
   sizeof(double));
  total_probability =
   qx_vector_moduli_squared_sum(size, v0);
  for (k = 0; k < size; ++k) probabilities[k] =
   qx_modulus_squared(v0[k]);
  // total probability must be meaningful
  if (qx_double_equal_enough (total_probability,
```

```
  0.0)) return FALSE;
  // let us put data in the range of our random
  // numbers
  double factor =
   ((double)QX_RANDOM_MAX+1)/total_probability;
  total_probability *= factor;
  for (k = 0; k < size; ++k) probabilities[k] *=
   factor;
  // the items have a segment proportioned to their
  // probability
  // the whole range will be equal to the range of
  // our random numbers
  for (k = 1; k < size; ++k) probabilities[k] +=
   probabilities[k-1];
  // extract a point in the line
  random_extracted = qx_random();
  for (resindex = 0; resindex < size; ++resindex)
  {
    if (probabilities[resindex] > random_extracted)
    {
      // if equal to the previous it had probability
      // = 0
      if (resindex > 0 &&
       qx_double_equal_enough(probabilities[resindex]
       , probabilities[resindex-1]))
        continue;
      break;
    }
  }
  if (resindex < size) // case found
  {
    for (k = 0; k < size; ++k)
    {
     mresult[k].a = 0; mresult[k].b = 0;
    }
    mresult[resindex].a = 1;
    free(probabilities);
    return TRUE;
  }
  free(probabilities);
  return FALSE; // failure
}
```

In *QcNooq* al punto 4.A si può eseguire la simulazione della misurazione con il vettore $|\psi\rangle$ di questo esempio e altri. L'esecuzione ripetuta (*QcNooq* 4.B) conta le occorrenze di ciascun $|x_i\rangle$ e dà risultati distribuiti in modo proporzionale alle probabilità attese (ad esempio, eseguendo 14000 volte il test è capitato di rilevare $|x_0\rangle$ 3929 volte, $|x_2\rangle$ 9070 volte e $|x_3\rangle$ 1001 volte).

Notiamo che se un ket $|\psi\rangle$ viene moltiplicato per uno scalare, le probabilità rimangono le stesse, e pertanto un ket si può normalizzare, rendendo $\||\psi\rangle\|^2$ eguale a 1, mediante l'operazione $|\psi\rangle/\||\psi\rangle\|$. Il frammento di codice è il seguente:

```
qx psi[4] = { {5,2}, {7}, {0,4}, {3,2} };
qx psinormal[4];
double msq = qx_vector_moduli_squared_sum(4, psi);
qx inverse_length;
inverse_length.a = 1/sqrt(msq); inverse_length.b =
 0;
// scalar multiplication: we put the factor in a qx
// in order to use our library function valid for
// any type
qx_vector_smul(4, inverse_length, psi, psinormal);
msq = qx_vector_moduli_squared_sum(4, psinormal);
// now output msq and verify that msq == 1.0
```

Quindi, dato che le probabilità sono conservate, la moltiplicazione di un ket per uno scalare si può sempre eseguire: lo stato fisico rappresentato dal ket moltiplicato rimane lo stesso. Quindi quando serve si può eseguire la normalizzazione, dopo la quale, poiché $\||\psi\rangle\|^2$ diviene eguale a 1, la probabilità di ogni stato diviene semplicemente $p_i = |c_i|^2$.

4.2 Azioni su un sistema

Abbiamo detto che dobbiamo distinguere tre fasi: prima porre un oggetto in un dato stato facente parte di un set di stati possibili, poi agire sull'oggetto in modo di modificarne lo stato, infine "misurare" lo stato risultante. Nella seconda fase, in cui agiamo sul sistema, non possiamo "vedere" come esso sta cambiando: si può sapere con un ragionamento che la moneta in aria ha probabilità 0.5 di mostrare testa quando cadrà, ma non lo si può "vedere". Nella terza fase "vediamo" come il sistema è cambiato mediante la misurazione, ma la misurazione è un'azione che investe il sistema con un'energia di un ordine di grandezza tale che lo modifica in modo tale che lo stato ulteriore non è più prevedibile. Per farci un'idea del perché, supponiamo di dover misurare l'altezza di un campanile con uno strumento ottico: il campanile sta dove sta, è soggetto a un costante cambiamento dovuto prima di tutto agli agenti atmosferici, poi alle vibrazioni del suolo dovute alla circolazione dei veicoli nei dintorni, alla luce del sole che lo investe, eccetera. L'azione dell'uomo che installa un teodolite nei pressi per intercettare la luce riflessa dalla punta dell'edificio si può considerare priva di qualsiasi influenza sullo stato del campanile, ed è una misurazione che lascia l'oggetto nello stato in cui si trova. Supponiamo invece di fare a una persona due prelievi del sangue nel giro di pochi minuti: non è impossibile che l'analisi del secondo prelievo rilevi qualche valore non identico al primo in conseguenza del fatto che il primo prelievo con l'ago in vena è stato una piccola violenza, alla quale forse l'organismo ha reagito: in questo caso la misurazione non lascia del tutto inalterato l'oggetto misurato. A maggior ragione lo stato dell'oggetto verrà modificato se la misurazione richiede un intervento distruttivo, con energia elevata rispetto alla scala del sistema da misurare. Ora, negli esperimenti e nei fenomeni quantistici viene rilevato lo stato di componenti subatomiche, e per fare questo si investe il sistema con energia di ordini di grandezza maggiori di quelli dell'oggetto misurato. Ad esempio, la posizione di un elettrone si rivela investendo il sistema con frequenze elettromagnetiche aventi lunghezze d'onda così piccole da poter interferire con le dimensione dell'elettrone, e perciò di energia molto alta. Perciò le operazioni di misurazione modificano il sistema portandolo in uno stato non determinabile, e perciò la misurazione avviene una sola volta e conclude un calcolo quantistico.

A titolo di illustrazione, aggiungiamo che teoricamente, conoscendo integralmente il sistema e l'operazione di misurazione, si potrebbe pensare di poter calcolare lo stato del sistema successivo all'operazione di misurazione: ma questo non è possibile perché interviene in più il fattore dell'incertezza delle misure che consegue al fatto che i fenomeni elettromagnetici avvengono per quantità discrete indivisibili, fattore che rende prive di soluzione certe equazioni che potrebbero avere soluzione se i fenomeni elettromagnetici fossero descritti solo da funzioni continue: questo è il famoso principio di incertezza, o di indeterminazione. Esso discende dal fatto che nei fenomeni descritti da equazioni d'onda il prodotto dell'energia per il tempo è sempre un multiplo intero della costante di Planck. Nelle misurazioni accade quindi qualcosa di simile al caso in cui un aereo trasporti un orologio precisissimo, ma che indica solo ore e minuti, e precipiti: il rottame dell'orologio indicherà l'ora e il minuto dell'impatto, ma non si potranno conoscere i secondi.

Nello stadio intermedio, prima della misurazione, le azioni che si possono eseguire su un sistema portandolo in sovrapposizione e mantenendolo in condizione tale che poi lo si possa misurare, corrispondono tutte a matrici *hermitiane e unitarie* (definite nel paragrafo 3.2) che vengono moltiplicate per il vettore di stato iniziale del sistema: questa è una caratteristica fondamentale dello hardware che viene dalla fisica quantistica e che fa parte dell'insieme dei principi che dobbiamo accettare come dati. Dobbiamo acquisire e ricordare il principio per cui lo hardware può implementare azioni corrispondenti a matrici unitarie, per cui, supponendo una successione di tempi t_j in cui il sistema si trova in stati successivi, si ha:

$$|\psi_{t1}\rangle = U|\psi_{t0}\rangle$$

Lo stato al tempo t_1 è descritto dal risultato della moltiplicazione di una matrice unitaria per lo stato al tempo t_0. Osserviamo che queste operazioni sono reversibili: abbiamo visto che moltiplicando una matrice hermitiana unitaria due volte per un vettore, il vettore torna nello stato originario. Questo significa che se applichiamo nuovamente U al risultato della prima moltiplicazione, il sistema ritorna nello stato del tempo t_0.

Quindi lo schema generale dei passi di un calcolo quantistico è:

- inizializzazione di un vettore in input v_0, mettendo un oggetto fisico in uno stato determinato. Su sistemi di un solo bit, il vettore avrà i valori $|0\rangle$ o $|1\rangle$, e vedremo tra breve come avviene la composizione di più bit;

- azione fisica sul sistema (del genere del lancio in aria della moneta). L'azione fisica è descritta da una matrice U, che è la funzione della probabilità dell'esito di quell'azione fisica. Quindi l'azione fisica equivale al prodotto:

$$U * v_0$$

che trasforma v_0 in un vettore di probabilità complesse. Si possono eseguire successivamente più operazioni con la stessa matrice o matrici diverse, e quindi v0 può essere trasformato, ad esempio, con:

$$U_a * (U_b * (U_a * v_0));$$

- infine avviene la misurazione, che è un'azione non reversibile e non corrisponde a una matrice U.

Prima di provare tutto questo passo per passo introduciamo però la nozione del qubit.

4.3 Qubit

Un bit può rappresentare lo stato di un qualsiasi oggetto fisico che possa trovarsi in due stati (bianco o nero, nord e sud, ecc.), corrispondenti a 0 e 1. Ma dopo avere posto l'oggetto in uno stato iniziale univoco, rappresentabile con una sola cifra 0 o 1, se le azioni successive assegnano una probabilità di misurare lo stato finale nello stato zero e un'altra probabilità di misurarlo nello stato uno, allora per rappresentare un bit abbiamo bisogno di una coppia di numeri con cui rappresentare le due probabilità:

stato	probabilità
0	c_0
1	c_1

I due numeri c_0 e c_1 non possono essere bit binari, dovendo esprimere una probabilità. Essi potrebbero essere semplicemente reali, ma come sappiamo la fisica quantistica ha bisogno di usare coefficienti complessi per le probabilità. Dunque un qubit è un vettore $|\psi\rangle$ di due numeri complessi c_0 e c_1, dove vale $p_0 = |c_0|^2 / \||\psi\rangle\|^2$ e $p_1 = |c_1|^2 / \||\psi\rangle\|^2$, e dove $|\psi\rangle$ volendo può essere sempre normalizzato ottenendo $|c_0|^2 + |c_1|^2 = 1$. Come sappiamo già, la ragione per cui è stato scelto di rappresentare le probabilità con numeri complessi e non semplicemente con numeri reali risiede nelle caratteristiche fisiche dello hardware, e occupandoci della sola parte informatica la dobbiamo semplicemente accettare. La rappresentazione complessa però ha la conseguenza che la probabilità di un bit deve essere espressa con due numeri complessi e non uno, che basterebbe nel caso in cui la probabilità fosse espressa con numeri reali. Infatti, conoscendo c_0 non possiamo ricavare c_1, perché dovremmo trovare le due componenti a_1 e b_1 di c_1 mediante l'unica equazione: $a_1^2 + b_1^2 = 1 - |c_0|^2$.

Nei nostri esempi un qubit corrisponde quindi a un vettore qx v0[2], il che dà una prima idea (erronea per difetto) dell'impegno di memoria necessario per l'emulazione software degli algoritmi quantistici: l'informazione necessaria per rappresentare un bit richiede come minimo quattro numeri del tipo float, e quindi 64 bit totali, con i quali si avrebbe scarsa precisione nei calcoli, oppure quattro numeri del tipo double per 128 bit totali, migliorando la precisione.

Una precisazione importantissima, fondamentale per non fraintendere il seguito, è questa: quando un qubit corrisponde a uno stato binario determinato, uno dei due coefficienti ha valore 1, l'altro ha valore 0. Quindi se l'oggetto corrispondente al qubit è nello stato corrispondente allo zero, la rappresentazione è questa:

stato	probabilità
0	1
1	0

che equivale all'espressione $|0\rangle$, e significa: "lo stato zero è vero, lo stato uno è falso". Se l'oggetto corrispondente al qubit è nello stato corrispondente all'uno, la rappresentazione è questa:

stato	probabilità
0	0
1	1

che equivale all'espressione $|1\rangle$, e significa: "lo stato zero è falso, lo stato uno è vero". La rappresentazione:

stato	probabilità
0	0
1	0

non ha senso, non descrive alcuna condizione dell'oggetto fisico, e non è trattabile matematicamente perché $|\psi\rangle|^2$, che è il divisore nel calcolo della probabilità, è uguale a zero. Invece la rappresentazione:

stato	probabilità
0	1
1	1

esprimerebbe che gli stati zero e uno hanno uguale probabilità di essere misurati, e si potrebbe normalizzare eseguendo $|\psi\rangle/\||\psi\rangle|$, ottenendo la rappresentazione equivalente, e preferibile:

stato	probabilità
0	$1/\sqrt{2}$
1	$1/\sqrt{2}$

Ora simuliamo l'azione su un qubit mediante una matrice hermitiana e unitaria notevole, che è la matrice di Hadamard:

1/√2	1/√2
1/√2	−1/√2

per la quale usiamo il simbolo [H]. La matrice di Hadamard, usata come moltiplicatore di un vettore, corrisponde a un'azione fisica di qualche tipo (un'azione fisica che può avvenire dentro lo hardware quantistico) con la quale perturbiamo lo stato iniziale del sistema rendendo uguale la probabilità di misurarlo poi in stato 0 o 1: nella similitudine elementare della moneta, essa corrisponde al lancio in aria. Prendiamo in esame gli stati iniziali $|0\rangle$ e $|1\rangle$ di un qubit e agiamo su di essi moltiplicando [H] per il vettore due volte.

Per lo stato $|0\rangle$:

Step	Stato 0 del qubit	Stato 1 del qubit	Commento
Inizializzazione	1	0	qubit=$|0\rangle$
[H] *	1/√2	1/√2	probabilità uguale per 0 e 1
Di nuovo [H] *	1	0	reversione del primo prodotto

Facciamo esplicitamente le due moltiplicazioni per chiarezza. Si ha:

1/√2	1/√2	*	1	=	1/√2*1 + 1/√2*0	=	1/√2	
1/√2	−1/√2		0		1/√2*1 + −1/√2*0		1/√2	

e

1/√2	1/√2	*	1/√2	=	1/√2*1/√2 + 1/√2*1/√2	=	1/2 + 1/2	=	1
1/√2	−1/√2		1/√2		1/√2*1/√2 + −1/√2*1/√2		1/2 −1/2		0

Per lo stato $|1\rangle$:

Step	Stato 0 del qubit	Stato 1 del qubit	Commento
Inizializzazione	0	1	qubit=$|1\rangle$
[H] *	1/√2	−1/√2	probabilità uguale per 0 e 1
Di nuovo [H] *	0	1	reversione del primo prodotto

Facciamo ancora le due moltiplicazioni per chiarezza. Abbiamo:

1/√2	1/√2	*	0	=	1/√2*0 + 1/√2*1	=	1/√2	
1/√2	−1/√2		1		1/√2*0 + −1/√2*1		−1/√2	

e

1/√2	1/√2	*	1/√2	=	1/√2*1/√2 + 1/√2*−1/√2	=	1/2 − 1/2	=	0
1/√2	−1/√2		−1/√2		1/√2*1/√2 + −1/√2*−1/√2		1/2 +1/2		1

Osserviamo che dopo la prima moltiplicazione il risultato indica univocamente quale dei due casi stiamo trattando, perché c'è una differenza di segno nella seconda riga. La seconda moltiplicazione riporta lo stato a quello iniziale. Per emulare questo processo in *QcNooq* (4.D), usiamo la chiamata qx_matrix_constant() che serve a inizializzare una matrice m[2][2] con certi valori notevoli a ciascuno dei quali corrisponde un codice mnemonico. Il codice che esegue i passi della prima delle due tabelle, per lo stato |0⟩, è il seguente:

```
qx psi0[2]={{1},{0}}; // stato iniziale del qubit
qx psi1[2];
qx psi2[2];
qx Hadamard[2][2]; // matrice di Hadamard
// inizializzazione della matrice di Hadamard:
qx_matrix_constant(QX_M22_HADA, (qx *)Hadamard);
// prima azione sul vettore iniziale
qx_matrix_mmul(2,2,1, (qx *)Hadamard, (qx *)psi0,
  (qx *)psi1);
// output per verifica del risultato ...
// seconda azione sul vettore
qx_matrix_mmul(2,2,1, (qx *)Hadamard, (qx *)psi1,
  (qx *)psi2);
// output per verifica del risultato, psi2 deve
// essere uguale a psi0 ...
```

Quanto a qx_matrix_constant(), il frammento di codice è:

```
case QX_M22_HADA:
double S2I;
  S2I = 1.0/(sqrt(2.0));
  dd[(0*2)+0].a = S2I; dd[(0*2)+1].a = S2I;
  dd[(1*2)+0].a = S2I; dd[(1*2)+1].a = -S2I;
```

Ricordiamo sempre che nella nostra emulazione software la moltiplicazione ha un vettore in input e uno distinto in output per una scelta di semplicità. Volendo si potrebbero implementare le funzioni che modificano direttamente l'input (allocando i buffer temporanei necessari dentro le funzioni, e tendendo conto che in genere nell'emulazione l'input non può essere modificato prima di avere terminato tutti i cicli dell'operazione). La nostra scelta serve solo a semplificare l'emulazione e non corrisponde alla realtà: nello hardware quantistico, la moltiplicazione e la misurazione consistono in eventi fisici che alterano sempre e solo direttamente l'input, cioè lo stato fisico degli oggetti che rappresentano l'input, e quindi nella realtà sarebbe il vettore psi0 del nostro esempio a subire trasformazioni successive.

Infine, eseguendo il codice di prova in *QcNooq* (4.D), osservate attentamente i valori di psi2 dopo il calcolo: vi si manifesta l'approssimazione dei calcoli in virgola mobile, e se il software dovesse proseguire testando l'eguaglianza dei valori di psi2 dopo altre operazioni, bisognerebbe usare come sempre qx_complex_equal_enough().

4.4 Composizione di stati

Passiamo a trattare la rappresentazione dei dati in un sistema a due bit, che chiamiamo x e y, e quindi trattiamo il caso in cui in ingresso abbiamo due qubit. La composizione ulteriore, da tre qubit in poi, seguirà ovviamente gli stessi criteri. Dobbiamo tenere conto di questo principio: ogni azione fisica che trasforma x e y investe il sistema complessivo in modo tale che non abbiamo semplicemente una probabilità per la trasformazione di x e un'altra probabilità distinta per la trasformazione di y, ma abbiamo una probabilità per ogni possibile stato complessivo in uscita. Questo principio è conseguenza del fenomeno dell'entanglement quantistico, che tutti hanno sentito almeno nominare, ma che noi non vogliamo approfondire al pari di tutto quanto riguarda la costruzione dello hardware. Noi dobbiamo solo accettare l'idea che le azioni su un sistema di N qubit modificano sempre il sistema complessivo, mai una componente isolata, e quindi dobbiamo accettare la conseguenza che non possiamo mai considerare le variabili x e y indipendentemente l'una dall'altra. Pertanto un sistema di due qubit deve essere rappresentato in questo modo:

stato di x	stato di y	probabilità
0	**0**	c_0
0	**1**	c_1
1	**0**	c_2
1	**1**	c_3

Ma mentre gli stati intermedi in sovrapposizione hanno per ogni elemento del vettore una probabilità c_n, gli stati iniziali e gli stati finali misurati hanno un solo valore uguale a 1 nella riga corrispondente allo stato di x e di y. Per esempio, se inizialmente abbiamo x=0 e y=1, la rappresentazione sarà:

stato di x	stato di y	stato iniziale
0	**0**	0
0	**1**	1
1	**0**	0
1	**1**	0

e se dopo la misurazione abbiamo invece x=1 e y=1, la rappresentazione sarà:

stato di x	stato di y	stato finale dopo misurazione
0	**0**	0
0	**1**	0
1	**0**	0
1	**1**	1

e quindi in generale avremo un numero di casi (e di righe nella rappresentazione) pari a 2 elevato al numero dei bit. Il vettore che rappresenta lo stato $|\psi\rangle$ sarà un vettore qx psi[N], dove N = 2 elevato al numero dei bit, quindi N = 2^2 = 4 per due bit, N = 2^3 = 8 per tre bit, e così via. Sia il vettore di stato che viene inizializzato, sia il vettore di stato che risulta dalla misurazione, devono avere uno e un solo valore uguale a 1, gli altri a 0. Come nel caso del singolo qubit, un vettore come [0101] rappresenterebbe uno stato intermedio anteriore alla misurazione e significherebbe che due casi sono equiprobabili, mentre gli altri due hanno probabilità zero. Un vettore di soli zeri non avrebbe senso.

Per comporre gli stati si usa il prodotto tensoriale, descritto sopra, sia per i dati in input, sia per le funzioni unitarie che agiscono sugli stati. Per eseguire con due bit x e y la sequenza che abbiamo eseguito sopra con un solo qubit, dovremmo creare un vettore di input qx psi0[4] risultante dal prodotto tensoriale dei due qubit e creare una matrice qx Hadamard4[4][4] risultante dal prodotto tensoriale della matrice di Hadamard di base per se stessa. Dovremmo fare i seguenti passi:

- preparare la matrice Hadamard4 = [H] $\otimes$ [H];
- assegnare un valore al qubit x;
- assegnare un valore al qubit y;
- inizializzare il vettore psi0 = [qubit x] $\otimes$ [qubit y]. Per i parametri del prodotto tensoriale, i due qubit sono considerati matrici di dimensione [1][2], e il vettore risultante una matrice di dimensione [1][2*2];

- eseguire due volte il prodotto e verificare che l'operazione è reversibile.

Il frammento di codice che emula la verifica per tutti i valori di x e y è il seguente (*QcNooq* 4.E):

```
qx qubit_x[2], qubit_y[2];
qx psi0[4]; // input vector
qx psi1[4]; // result of first product
qx psi2[4]; // result of second product
qx Hadamard2[2][2];
qx Hadamard4[4][4];
int x, y, k;
// create the Hadamard matrix for 2 qubits
qx_matrix_constant(QX_M22_HADA, (qx *)Hadamard2);
// create the Hadamard matrix for 4 qubits
qx_matrix_tensor_product(2,2,2,2, (qx *)Hadamard2,
  (qx *)Hadamard2, (qx *)Hadamard4);
  for (x = 0; x <= 1; ++x)
  {
    // initialize qubit x: zero all, set to 1 the
    // appropriate real component
    for (k = 0; k < 2; ++k) qubit_x[k].a =
     qubit_x[k].b = 0.0;
    qubit_x[x].a = 1.0;
    for (y = 0; y <= 1; ++y)
    {
      // initialize qubit y: zero all, set to 1 the
      // appropriate real component
      for (k = 0; k < 2; ++k) qubit_y[k].a =
       qubit_y[k].b = 0.0;
      qubit_y[y].a = 1.0;
      // inizialize input vector representing the
      // state of 2 qubits
      qx_matrix_tensor_product(1,2,1,2, qubit_x,
       qubit_y, psi0);
      // execute the products acting on input
      qx_matrix_mmul(4,4,1, (qx *)Hadamard4, (qx
       *)psi0, (qx *)psi1);
      qx_matrix_mmul(4,4,1, (qx *)Hadamard4, (qx
       *)psi1, (qx *)psi2);
      // output psi2 to check that it is equal
      // to psi0 ...
    }
  }
```

Si noti che per inizializzare ψ_0 abbiamo eseguito il prodotto tensoriale di $|x\rangle$ e $|y\rangle$ in modo da agire scrupolosamente secondo le definizioni. In realtà sappiamo che con due variabili per il vettore ψ_0 sono possibili i valori: [1000], [0100], [0010] e [0001], e quindi avremmo potuto procedere più speditamente per costruirlo: ma così il programma di emulazione non rifletterebbe l'aspetto concettuale del problema.

Questa sarebbe l'evoluzione di $|\psi\rangle$ nel caso $x=|0\rangle$ e $y=|0\rangle$:

Step	**x**	0	0	1	1	
	y	0	1	0	1	
Inizializzazione		1	0	0	0	$x=|0\rangle$, $y=|0\rangle$
[H] *		1/2	1/2	1/2	1/2	probabilità uguale per 4 casi
[H] *		1	0	0	0	reversione del primo prodotto

e questi gli altri tre casi:

Step	**x**	0	0	1	1	
	y	0	1	0	1	
Inizializzazione		0	1	0	0	$x=|0\rangle$, $y=|1\rangle$
[H] *		1/2	−1/2	1/2	−1/2	probabilità uguale per 4 casi
[H] *		0	1	0	0	reversione del primo prodotto

Step	**x**	0	0	1	1	
	y	0	1	0	1	
Inizializzazione		0	0	1	0	$x=|1\rangle$, $y=|0\rangle$
[H] *		1/2	1/2	−1/2	−1/2	probabilità uguale per 4 casi
[H] *		0	0	1	0	reversione del primo prodotto

Step	**x**	0	0	1	1	
	y	0	1	0	1	
Inizializzazione		0	0	0	1	$x=|1\rangle$, $y=|1\rangle$
[H] *		1/2	−1/2	−1/2	1/2	probabilità uguale per 4 casi
[H] *		0	0	0	1	reversione del primo prodotto

Osserviamo che come nel caso del singolo qubit, dopo il primo prodotto lo stato di $|\psi\rangle$ è univoco per i quattro casi, perché i valori delle ampiezze differiscono per il segno.

Un qubyte ovviamente è un oggetto che comprende otto qubit. A prima vista, probabilmente il lettore avrebbe detto che se per rappresentare un qubit servono due numeri complessi, per rappresentare un qubyte ne servono sedici. Ma ora sappiamo che non è così: per un sistema composto servono $2^{\text{numero qubit}}$ numeri complessi, e quindi per un qubyte ne servono $2^8 = 256$. Le azioni fisiche su un qubyte inizializzato con uno stato determinato per gli 8 bit non modificano i singoli bit, ma tutto l'insieme, e la misurazione deve a sua volta avvenire su tutto l'insieme, e pertanto la rappresentazione di un qubyte è un vettore qx psi[256]:

valore decimale	valore binario, stato dei bit	ampiezza complessa
0	00000000	c_0
1	00000001	c_1
....		
254	11111110	c_{254}
255	11111111	c_{255}

il che spiega perché l'idea dell'impegno di memoria necessario che ci eravamo fatta considerando il singolo qubit era erronea per difetto. È facile calcolare che un sistema di 128 byte, e quindi 1024 bit, richiederebbe 2^{1024} (ovvero circa $1,7 \times 10^{308}$) numeri complessi. Ed è chiaro quindi che l'emulazione di algoritmi quantistici mediante computer tradizionali si può eseguire solo per implementare esempi minuscoli a scopo di studio, e che in futuro, quando esisteranno coprocessori quantistici, questi potranno funzionare solo se saranno in grado di prendere in input i dati nella forma binaria classica, espanderli internamente a se stessi e poi restituirli nella forma binaria classica.

Studiando gli algoritmi quantistici vedremo con esattezza quali siano le implicazioni pratiche e tecniche di questa esplosione combinatoria. Per il momento, ci basta comprendere che se dobbiamo fare con un computer classico i calcoli relativi a N qubit, dobbiamo operare su vettori dell'ordine di grandezza di 2^N numeri complessi.

4.5 Misurazione e lettura del risultato

La misurazione, come abbiamo già visto, interferisce con il sistema sollecitato dall'azione fisica che si è esercitata su di esso e rileva lo stato binario in cui i dati si trovano. Per esercitazione, eseguiamo la misurazione dopo una sola trasformazione con Hadamard del sistema a 2 qubit. Dobbiamo inizializzare entrambi i bit a zero, creare la matrice Hadamard4[4], creare il vettore psi0[4] che rappresenta lo stato iniziale, agire con Hadamard per assegnare la stessa probabilità a tutti gli stati possibili, eseguire la misurazione, e infine conoscere il valore di x e y dopo la misurazione. La misurazione darà risultati diversi per ogni esecuzione del programma. Il codice (che esegue il solo caso x=|0⟩, y=|0⟩) è questo (*QcNooq* 4.F):

```
qx qubit_x[2] = {{1}, {0}}; // initial state 0
qx qubit_y[2] = {{1}, {0}};
qx psi0[4];
qx psi1[4];
qx measured[4];
qx Hadamard2[2][2];
qx Hadamard4[4][4];
char measured_x, measured_y;

qx_matrix_constant(QX_M22_HADA, (qx *)Hadamard2);
qx_matrix_tensor_product(2,2,2,2, (qx *)Hadamard2,
 (qx *)Hadamard2, (qx *)Hadamard4);

// inizialize input vector representing the state
// of 2 qubits
qx_matrix_tensor_product(1,2,1,2, qubit_x, qubit_y,
 psi0);
// act with Hadamard
qx_matrix_mmul(4,4,1, (qx *)Hadamard4, (qx *)psi0,
 (qx *)psi1);
// execute measurement and check possible error
// (no measurement if psi1 is entirely zero)
if (qx_state_measurement(4, psi1, measured) ==
 TRUE)
{
  if (qx_check_measured_state(4, measured) < 0)
  {
    ... output error information
  }
  // get the measured value of variable x
  //(variable 0)
  measured_x = qx_state_variable_binary_value(4,
   measured, 0);
  // get the measured value of variable y
  // (variable 1)
  measured_y = qx_state_variable_binary_value(4,
   measured, 1);
  // output for verification
}
else { ... output error information }
```

Abbiamo chiamato due funzioni ausiliarie per l'emulazione in *QcNooq*, che ci serviranno in seguito, ma che non aggiungono nulla a ciò che già sappiamo degli algoritmi quantistici in se stessi.

La funzione qx_check_measured_state() restituisce un valore minore di zero se il vettore non è uno stato misurato, cioè non è uno stato nel quale uno e un solo valore è 1 e gli altri sono 0. Se invece il controllo ha successo, la funzione restituisce l'indice dell'unico valore eguale a 1 nel vettore misurato:

```c
extern int qx_check_measured_state (int size, qx
 *v0)
{
int k, rv = -1;
qx c0 = {0,0};
qx c1 = {1,0};
  for ( k = 0; k < size; ++k )
  {
    if ( qx_complex_equal_enough(v0[k], c0))
     continue;
    if ( qx_complex_equal_enough(v0[k], c1))
    {
     // value 1 found twice or more
     if ( rv != -1 ) return -1;
     rv = k;
     continue;
    }
    // found a value different than 0 or 1
    return -1;
  }
  return rv;
}
```

La funzione qx_state_variable_binary_value() serve a conoscere, dato un vettore risultato da misurazione, il valore delle variabili specificate. Il parametro è l'indice della variabile che si vuole leggere nel vettore, con 0=x, 1=y ecc. Questa funzione è utile per conoscere il valore di un dato bit ennesimo emulando sistemi con più di 2 o 3 bit, dove la lettura del vettore $|\psi\rangle$ non è immediata:

```c
extern char qx_state_variable_binary_value (int
 size, qx *v0, int n_variable)
{
char result = -1; // mask error result = -1
qx qx_one = {1.0, 0.0}; // 1 constant for test
int k, sz, max_variables;
  // if the variable index is >= the log base 2 of
  // the state size, the variable index is illegal
  for ( sz = size, max_variables = 0; sz > 1; sz
   >>= 1 ) // calculate log base 2 of size
```

```
{
  ++max_variables;
}
// error:
if ( n_variable >= max_variables ) return result;
n_variable = max_variables - (1+n_variable);
for ( k = 0; k < size; ++k )
{
  if ( qx_complex_equal_enough( qx_one, v0[k] ) )
  {
  // set result
  result = (k & (1 << n_variable )) ? 1 : 0;
  return result;
  }
}
// if the vector is a state
// we should never get here
return result;
}
```

Tutto quanto è stato esposto in questo capitolo è strettamente indispensabile: non proseguite la lettura se qualsiasi aspetto non vi appare perfettamente chiaro.

5. Gate quantistici

5.1 Gate classici

Certamente ai lettori è noto il significato degli operatori logici, ovvero dei gate, più soliti (NOT, AND, OR, XOR e NAND):

Gate	Input	Output	Simbolo in C
NOT	x	1 se x = 0, 0 se x = 1	~
AND	xy	1 se x = 1 e y = 1, altrimenti 0	&
OR	xy	0 se x = 0 e y = 0, altrimenti 1		
XOR	xy	1 se solo uno dei due = 1	^
NAND	xy	0 se x = 1 e y = 1, altrimenti 1	nessuno

e assumiamo che i lettori di questo libro sappiano che i gate si realizzano con semplici circuiti elettronici, la cui composizione è alla base della costruzione dei calcolatori e dei circuiti di controllo. Ricordiamo che i gate possibili su due bit sono sedici, che AND, OR, XOR e NAND sono i più comunemente usati solo per ragioni pratiche, non per alcuna ragione intrinseca. Anche su un solo bit i gate possibili sono due, di cui uno è NOT, mentre l'altro, la semplice affermazione, sfugge all'attenzione perché lasciando il bit invariato non è di nessun uso. Nel seguito, quando sarà utile menzionare i gate con un simbolo, useremo quelli degli operatori sui bit del linguaggio C, in modo da uniformare la rappresentazione agli esempi di programma. NAND però non ha un simbolo in C.

Nel linguaggio C c'è in più una distinzione tra gli operatori logici in senso stretto sulle variabili e i corrispondenti operazioni a livello di bit. Questa distinzione ci servirà nel capitolo 6.3 per l'algoritmo di Simon, e lì verrà richiamata.

Dobbiamo introdurre un fattore nuovo: è necessario ora esprimere i gate utilizzando la rappresentazione dei dati che si usa per i qubit. Ogni gate può essere rappresentato come una matrice che moltiplica un vettore $|\psi\rangle$, che rimanendo nell'ambito classico sarà da considerare un semplice vettore di valori booleani, e non di numeri complessi, ma che però non avrà un solo valore booleano ma due, uno per la rappresentazione dello stato $|0\rangle$ (vettore [10]) e uno per la rappresentazione dello stato $|1\rangle$ (vettore [01]).

Il gate NOT di conseguenza si rappresenterà con la matrice:

0	1
1	0

perché si ha per $NOT|0\rangle = |1\rangle$:

0	1		1		0
1	0	*	0	=	1

e per NOT$|1\rangle = |0\rangle$:

0	1		0		1
1	0	*	1	=	0

Per codice corrispondente sarebbe ovvio usare il tipo BOOL, ma tutto funziona ugualmente anche sfruttando il tipo qx – come sappiamo la rappresentazione in numeri complessi è ridondante, ma dà egualmente il risultato atteso anche in assenza della parte immaginaria. Quindi (*QcNooq* 5.A):

```
qx NOT_gate[2][2] = { {{0},{1}},
{{1},{0}} };
qx bit_0[2] = {{1},{0}};
qx bit_1[2] = {{0},{1}};
qx not_bit[2];
// esecuzione di NOT 0:
qx_matrix_mmul(2,2,1, (qx *)NOT_gate, bit_0,
 not_bit);
// esecuzione di NOT 1:
qx_matrix_mmul(2,2,1, (qx *)NOT_gate, bit_1,
 not_bit);
```

La rappresentazione dei gate su due bit avviene con matrici non quadrate e non unitarie (siamo ancora nel mondo classico), e per AND abbiamo:

1	1	1	0
0	0	0	1

Infatti, come sappiamo dalla definizione di AND, AND$|00\rangle$, AND$|01\rangle$ e AND$|10\rangle$ danno $|0\rangle$, mentre AND $|11\rangle$ dà $|1\rangle$. Per eseguire ad esempio il caso AND $|11\rangle$ dobbiamo rappresentare l'input con il prodotto tensoriale dei due bit, che dà [0001], e poi eseguire:

1	1	1	0		0		0
0	0	0	1	*	0	=	1
					0		
					1		

Per provare il gate AND il codice richiede attenzione alle lunghezze dei vettori in input e output e ai parametri. I bit sono vettori di due elementi, e il loro prodotto tensoriale dà phi0[4]. La matrice è AND_gate[2][4]. Il prodotto che eseguiamo è AND_gate * phi0, quindi moltiplichiamo una matrice [2][4] per una [4][1], il risultato ha le dimensioni[2][1], ed è RESULT_phi0[2]. E infatti, l'operatore

AND in input ha 2 bit, in output ne ha uno solo. Il codice è il seguente (come al solito, l'uso del tipo qx è ridondante ma privo di conseguenze):

```
qx bit_0[2] = {{0},{1}}; // x = |1>
qx bit_1[2] = {{0},{1}}; // y = |1>
qx phi0 [4];
qx RESULT_phi0[2];
qx AND_gate[2][4] = { {{1},{1},{1},{0}},
{{0},{0},{0},{1}} };
int k;
// create phi representing the state of input
qx_matrix_tensor_product(1,2,1,2, bit_0, bit_1,
 phi0);
// execute AND|xy>
qx_matrix_mmul(2,4,1, (qx *)AND, phi0,
 RESULT_phi0);
// get value of result for output
k = qx_state_variable_binary_value(2, RESULT_phi0,
 0);
```

In *QcNooq* 5.B ci sono le routine per provare sui 4 input possibili i gate AND, OR, XOR e NAND. Per il gate NAND, notiamo che la matrice si ricava dal prodotto NOT * AND. Infatti NAND|xy) equivale a NOT(AND|xy)), e sappiamo che la moltiplicazione di matrici ha la proprietà: A*(B*C)=(A*B)*C. Quindi NAND si può comporre così (la moltiplicazione di una matrice [2][2] per una [2][4] da risultato di dimensioni [2][4]):

```
qx NOT_gate[2][2] = { {{0},{1}},
{{1},{0}} };
qx AND_gate[2][4] = { {{1},{1},{1},{0}},
{{0},{0},{0},{1}} };
qx NAND_gate[2][4]; // to be built
// build NAND multiplying NOT * AND
qx_matrix_mmul(2,2,4, (qx *)NOT_gate, (qx
 *)AND_gate, (qx *)NAND_gate);
```

Si faccia molta attenzione a questo: abbiamo introdotto questa rappresentazione mediante matrici dei comuni gate applicabili ad argomenti di due bit per familiarizzarci con la rappresentazione dei dati nel computer quantistico, ma per le ragioni che vedremo tra breve questi gate non possono essere implementati nel computer quantistico. Per evitare fraintendimenti, il lettore da ora in avanti deve ricordare e tenere in conto che un gate come AND non esiste e non può esistere nel computer quantistico.

5.2 Identity gate e gate reversibili

Esiste un gate che nel mondo tradizionale non richiama l'attenzione per la sua ovvietà: l'identità I_n, che lascia l'input nello stato in cui è. La matrice di identità su un ket rappresentante un bit, ovviamente è la negazione della negazione, cioè l'affermazione, ed è I_2:

1	0
0	1

La matrice identità ci è indispensabile per creare gate assemblati. Supponiamo di voler creare un gate assemblato che in ingresso ha 2 bit, x e y, e in uscita deve restituire $|x\rangle$ negato e $|y\rangle$ invariato. Questo gate restituisce NOT$|x\rangle$ e IDENTITY$|y\rangle$, perciò sia in ingresso sia in uscita abbiamo un vettore phi[4]. Per creare l'operatore che esegue l'operazione voluta dobbiamo costruire l'operatore composto U[4][4] mediante il prodotto tensoriale NOT $\otimes$ I_2: poi il prodotto U[4][4] * phi0[4] restituisce un vettore phi1[4], che rappresenta lo stato modificato dei due bit. La matrice di NOT$|x\rangle$, IDENTITY$|y\rangle$ è questa (eseguite il prodotto tensoriale NOT $\otimes$ I_2 con carta e penna per esercizio):

0	0	1	0
0	0	0	1
1	0	0	0
0	1	0	0

e la possiamo verificare per i 4 input possibili (cfr. *QcNooq* 5.C):

xy	input	xy in	xy out	colonna 0 di NOTx IDEy
00	1	00		0
01	0			0
10	0		10	1
11	0			0

xy	input	xy in	xy out	colonna 1 di NOTx IDEy
00	0			0
01	1	01		0
10	0			0
11	0		11	1

xy	input	xy in	xy out	colonna 2 di NOTx IDEy
00	0		00	1
01	0			0
10	1	10		0
11	0			0

xy	input	xy in	xy out	colonna 3 di NOTx IDEy
00	0			0
01	0		01	1
10	0			0
11	1	11		0

Esecuzione in *QcNooq* 5.C con $x=|0\rangle$, $y=|1\rangle$:

```
qx NOT_gate[2][2] = { {{0},{1}},
{{1},{0}} };
qx IDE_gate[2][2] = { {{1},{0}},
{{0},{1}} };
qx NOT_IDE_gate[4][4];
qx bit_0[2] = {{1},{0}};  // |0>
qx bit_1[2] = {{0},{1}};  // |1>
qx phi0 [4];
qx result_phi[4];
// build composed gate
qx_matrix_tensor_product(2,2,2,2, (qx *)NOT_gate,
 (qx *)IDE_gate, (qx *)NOT_IDE_gate);
// create phi representing the state of input:
qx_matrix_tensor_product(1,2,1,2, bit_0, bit_1,
 phi0);
// execute gate:
qx_matrix_mmul(4,4,1, (qx *)NOT_IDE_gate, phi0,
 result_phi);
// output for verification ...
```

Il vettore in uscita <u>result_phi</u> in questo caso è [0001], ovvero $|11\rangle$, ovvero $x=|1\rangle$, $y=|1\rangle$, come atteso.

Osserviamo ora che i due gate NOT e IDENTITY, e le loro composizioni ottenute con il prodotto tensoriale, sono reversibili: eseguendo il gate due volte l'input torna allo stato iniziale. Al contrario i gate AND, OR, XOR non sono reversibili, perché:

- se $\text{AND}|xy\rangle$ è falso, non si conosce lo stato iniziale, che può essere $|00\rangle$, $|01\rangle$, $|10\rangle$.

- se $\text{OR}|xy\rangle$ è vero, non si conosce lo stato iniziale, che può essere $|01\rangle$, $|10\rangle$, $|11\rangle$.

- per XOR$|xy\rangle$ non possiamo mai risalire allo stato iniziale.

e questo corrisponde al fatto che le matrici degli operatori classici non sono necessariamente quadrate. Mediante i nostri calcoli con prodotti di matrici, la reversione di AND, OR e XOR non potrebbe essere nemmeno espressa.

I gate in uso nei circuiti quantistici devono essere reversibili, e corrispondere a matrici quadrate unitarie. Questa regola la dobbiamo accettare come un dato di fatto che ci viene dall'esterno, come ogni altra caratteristica fisica dello hardware. Per farci un'idea del motivo, accenno solo che la ragione riguarda il bilancio energetico del sistema che compone lo hardware. L'esecuzione di un gate non reversibile come AND perde informazione, perché prima di AND conoscevamo lo stato di due bit e dopo conosciamo solo un bit del risultato. Ora, è stato dimostrato che con qualsiasi hardware la perdita di informazione corrisponde a una cessione di energia dal sistema fisico verso l'esterno, mentre l'esecuzione di un gate che conserva interamente l'informazione, e quindi conserva gli elementi con cui attuare la reversione, può essere in equilibrio energetico: data la delicatezza dello hardware quantistico, è possibile implementare solo gate reversibili.

I gate reversibili possono essere costruiti con composizioni di gate di base, introducendo determinate ridondanze. Il primo che consideriamo è detto *controlled–NOT*: in input ha due bit, in output ha anche due bit: uno è il primo bit invariato, l'altro è il risultato dello XOR dei due bit in input:

controlled–NOT	
input	output
$\lvert x\rangle$	$\lvert x\rangle$
$\lvert y\rangle$	$\lvert x{\wedge}y\rangle$

e quindi possiamo anche scrivere: [controlled–NOT]$|x,y\rangle = |x,x{\wedge}y\rangle$. Applicando controlled–NOT due volte abbiamo:

input		output		output
$\lvert x\rangle$ $\lvert y\rangle$	[controlled–NOT]	$\lvert x\rangle$ $\lvert x{\wedge}y\rangle$	[controlled–NOT]	$\lvert x\rangle$ $\lvert x{\wedge}(x{\wedge}y)\rangle = \lvert y\rangle$

e dunque torniamo allo stato iniziale. Controlled–NOT si può ottenere come $I_2 \otimes$ NOT, e la matrice è:

1	0	0	0
0	1	0	0
0	0	0	1
0	0	1	0

e la si può costruire così:

```
qx IDE_gate[2][2] = { {{1},{0}},
{{0},{1}} };
qx NOT_gate[2][2] = { {{0},{1}},
{{1},{0}} };
qx controlled_NOT_gate[4][4];
// build composed gate
qx_matrix_tensor_product(2,2,2,2, (qx *)IDE_gate,
  (qx *)NOT_gate, (qx *)controlled_NOT_gate);
```

Il software in *QcNooq* 5.D applica controlled–NOT per verifica della reversione:

```
void QCF_gate_controlled_NOT()
{
qx IDE_gate[2][2] = { {{1},{0}}, {{0},{1}} };
qx NOT_gate[2][2] = { {{0},{1}}, {{1},{0}} };
qx controlled_NOT_gate[4][4];

// build composed gate
qx_matrix_tensor_product(2,2,2,2, (qx *)IDE_gate,
  (qx *)NOT_gate, (qx *)controlled_NOT_gate );

qx bit_0[2] = {{1},{0}}; // |0>
qx bit_1[2] = {{0},{1}}; // |1>
qx phi0 [4];
qx RESULT_phi[4];
qx RESULT_phi_reverse[4];
qx RESULT_phi_reverse_reverse[4];

// create phi representing the state of input
qx_matrix_tensor_product(1,2,1,2, bit_0, bit_1,
 phi0 );
// execute gate:
qx_matrix_mmul(4,4,1, (qx *)controlled_NOT_gate,
 phi0, RESULT_phi );
// output (0, "Applied Gate controlled-NOT",
// 1,4,RESULT_phi );
qx_matrix_mmul(4,4,1, (qx *)controlled_NOT_gate,
 RESULT_phi, RESULT_phi_reverse );
// output (0, "Applied Gate controlled-NOT First
```

```
// reversion", 1,4,RESULT_phi_reverse );
qx_matrix_mmul(4,4,1, (qx *)controlled_NOT_gate,
 RESULT_phi_reverse, RESULT_phi_reverse_reverse );
// output (0, "Applied Gate controlled-NOT Second
// reversion", 1,4,RESULT_phi_reverse_reverse );
}
```

Tutto il seguito del presente capitolo 5 non è necessario per la comprensione degli algoritmi quantistici trattati nel capitolo 6: quindi ora accenniamo velocemente agli altri gate reversibili notevoli soltanto per completare il discorso e per avere un'idea di ciò che si può costruire sulla base dei gate reversibili. Non trascurate però di leggere attentamente quanto segue, perché serve da esercizio per il modo di ragionare tipico, e insolito, che si dovrà applicare per comprendere gli algoritmi quantistici.

Un gate notevole è il *Toffoli gate*, che opera su tre variabili:

Toffoli gate	
input	output
$|x\rangle$	$|x\rangle$
$|y\rangle$	$|y\rangle$
$|z\rangle$	$|z^\wedge(x\&y)\rangle$

e quindi $[\text{Toffoli}]|x,y,z\rangle = |x, y, z^\wedge(x\&y)\rangle$. La matrice del gate Toffoli è questa:

1	0	0	0	0	0	0	0
0	1	0	0	0	0	0	0
0	0	1	0	0	0	0	0
0	0	0	1	0	0	0	0
0	0	0	0	1	0	0	0
0	0	0	0	0	1	0	0
0	0	0	0	0	0	0	1
0	0	0	0	0	0	1	0

La dimensione è 8, cioè 2^3, dato che le variabili sono 3. Per costruire il gate Toffoli in *QcNooq* (5.E) abbiamo definito un mnemonico e possiamo eseguire:

```
qx Toffoli[8][8];
// build composed gate as a constant
qx_matrix_constant(QX_M88_TOFFOLI, (qx *)Toffoli);
```

dove il frammento di codice che inizializza la matrice è:

```
case QX_M88_TOFFOLI:
 // Toffoli gate 8 * 8
 memset(dd, 0, 8*8*sizeof(qx) );
```

```
// constant values of Toffoli:
for ( j = 0; j < 6; ++j ) dd[j*8 + j].a = 1;
dd[6*8 + 7].a = 1; dd[7*8 + 6].a = 1;
```

Osserviamo che questo gate ha la proprietà di essere un gate universale, e usandolo in modo composito può servire a costruire qualsiasi gate. Infatti:

Se $|z\rangle = |0\rangle$, l'output è $|0^{\wedge}(x\&y)\rangle$. Ma $|0^{\wedge}a\rangle = |a\rangle$, quindi con $|z\rangle = |0\rangle$ Toffoli equivale a AND$|x,y\rangle$.

Se $|z\rangle = |1\rangle$, l'output è $|1^{\wedge}(x\&y)\rangle$. Ma $|1^{\wedge}a\rangle = |!a\rangle$, quindi con $|z\rangle = |1\rangle$ Toffoli equivale a NAND$|x,y\rangle$.

Se $|x\rangle = |1\rangle$ e $|y\rangle = 1$, l'output è $|z^{\wedge}(1\&1)\rangle$, cioè $|z^{\wedge}1\rangle$, cioè $|!z\rangle$. Quindi con $|x\rangle = |1\rangle$ e $|y\rangle = 1$ Toffoli equivale a NOT$|z\rangle$.

Se $|y\rangle = |1\rangle$, Toffoli equivale a XOR$|x,z\rangle$.

Due gate Toffoli possono essere usati per ricavare OR da AND mediante le leggi di De Morgan, e così via. In questo modo ci facciamo una prima idea della potenzialità universali dei gate quantistici.

Un altro gate reversibile notevole è il *Fredkin gate*, che opera su tre variabili:

Fredkin gate	
input	output
$|x\rangle$	$|x\rangle$
$|y\rangle$	se $|x\rangle = 0$ $|y\rangle$ altrimenti $|z\rangle$
$|z\rangle$	se $|x\rangle = 0$ $|z\rangle$ altrimenti $|y\rangle$

La matrice del gate Fredkin è questa:

1	0	0	0	0	0	0	0
0	1	0	0	0	0	0	0
0	0	1	0	0	0	0	0
0	0	0	1	0	0	0	0
0	0	0	0	1	0	0	0
0	0	0	0	0	0	1	0
0	0	0	0	0	1	0	0
0	0	0	0	0	0	0	1

Per costruire il gate Fredkin in *QcNooq* (5.E) definiamo un mnemonico e usiamo:

```
qx Fredkin [8][8];
// build composed gate as a constant
qx_matrix_constant(QX_M88_FREDKIN, (qx *) Fredkin);
```

Il codice che inizializza la matrice è ovvio. Si dimostra che anche il gate Fredkin è universale, e può servire per la composizione di qualsiasi gate.

5.3 *Gate quantistici*

Sono detti quantistici gli operatori unitari e reversibili che possono agire su qubit. Abbiamo già incontrato alcuni gate, o matrici, con queste caratteristiche:

- Identità I_n di N dimensioni
- Hadamard H_n di N dimensioni
- NOT
- controlled–NOT
- Toffoli
- Fredkin

Un'ultima nozione, che non ci servirà per gli algoritmi, ma è indispensabile per comprendere come un computer quantistico possa essere un computer universale, è questa: è dimostrato un teorema il quale assicura che esistono set universali di gate di base quantistici, con i quali si possono comporre tutte le matrici unitarie applicabili a un input quantistico. Uno di questi set è composto da:

$$\{\text{Hadamard}, R_\theta \text{ con } \theta=\arccos(3/5), I_n, \text{controlled–NOT}\}$$

Di questi gate, non conosciamo R_θ, la cui definizione è:

1	0
0	e^θ

Quando $\theta=\arccos(3/5)$, R_θ fa parte del set universale. Abbiamo accennato a questa nozione solo per dare un'idea di come avverrà la scrittura del software quantistico: un linguaggio di programmazione quantistico darà i mezzi per agire sull'input mediante composizioni delle matrici del set universale, e in questo modo consentirà di assemblare delle applicazioni.

6. *Algoritmi quantistici*

In generale gli algoritmi quantistici serviranno a trasformare un input applicando una data funzione e seguiranno questo schema:

- alcuni qubit vengono inizializzati con valori binari (stato classico), e lo stato iniziale dell'insieme dei qubit viene rappresentato come $|\psi\rangle$ di valori binari;
- il sistema è posto in sovrapposizione assegnando probabilità reali o complesse diverse da 0 e da 1 ai membri dei qubit;
- si definiscono una o più matrici unitarie che rappresentano la funzione di trasformazione dell'input;
- si agisce sull'input in sovrapposizione moltiplicandolo per esso una o più volte le matrici che rappresentano la funzione;
- i qubit trasformati vengono misurati, e quindi ricondotti a valori binari.

Ricordiamo sempre che l'azione sull'input nell'emulazione software è l'esecuzione della moltiplicazione mediante una routine, mentre nella realtà del computer quantistico essa consisterà in un evento fisico che sollecita e trasforma il sistema in modo controllato: è il lancio in aria della moneta, per ricorrere alla solita similitudine elementare. Quindi l'esecuzione della moltiplicazione avrà luogo in un singolo evento fisico anziché in un ciclo ripetuto, e questa è la ragione della potenzialità del computer quantistico.

Un'avvertenza per la lettura: poiché per esprimerci compattamente usiamo il linguaggio C, per esprimere correttamente il tipo corrispondente a valori binari di verità dovremmo usare il tipo BOOL. Per semplicità, però, fingiamo che esista il tipo 'bit', che ovviamente non potrà avere altri valori che 0 o 1.

6.1 Algoritmo di Deutsch

L'algoritmo di Deutsch corrisponde al programma "Hello, World!" che viene solitamente menzionato all'inizio dei libri che insegnano la programmazione in qualsiasi linguaggio. Il problema risolto mediante l'algoritmo di Deutsch non solo è di interesse unicamente teorico, ma è di dimensione talmente piccola da meravigliare che si possa scriverne una cosa così complessa. Comunque, esso serve a comprendere come un problema che un computer classico risolve in DUE cicli possa essere risolto dal computer quantistico agendo UNA volta sola sull'input.

Il problema consiste in questo. Supponiamo di avere una funzione func() il cui prototipo è:

bit func(bit);

Quindi l'argomento è un bit, il valore restituito è un bit, e abbiamo questi 4 casi possibili (cioè, le funzioni corrispondenti a questo prototipo sono 4):

Input	Output = func(input)			
0	0	0	1	1
1	0	1	0	1
	costante	bilanciata	bilanciata	costante

Se func(0) == func(1), la funzione è detta *costante*.

Se func(0) != func(1), la funzione è detta *bilanciata*.

E le quattro funzioni possibili ritornano:

- zero costante
- input
- NOT input
- uno costante.

Il problema da risolvere è questo: supponiamo di avere una routine che calcola la funzione func, e di non poter leggere né il diagramma di flusso né il codice sorgente: la funzione func è una black box. Vogliamo sapere se la funzione func è costante o bilanciata. Per avere risposta, dobbiamo eseguire la funzione due volte, con argomento 0 e con argomento 1. È possibile costruire un algoritmo che ci dia la risposta agendo una sola volta sui dati in ingresso?

Notate bene questo: in tutto il discorso che segue, non è letteralmente vero che la funzione func è una black box, perché ne vediamo benissimo il contenuto, e non potremmo procedere senza vederlo. Ma il problema è: è possibile dare risposta alla domanda "la funzione è costante o bilanciata?" evitando di eseguire due volte la funzione, e tutto il discorso serve solo a illustrare il setup necessario per dare questa risposta.

Innanzitutto, ciascuna della 4 funzioni <u>func</u> corrisponde a una matrice. I casi sono:

1) per la funzione costante che restituisce sempre 0:

1	1
0	0

2) per la funzione bilanciata che restituisce l'input:

1	0
0	1

3) per la funzione bilanciata che restituisce NOT input:

0	1
1	0

4) per la funzione costante che restituisce sempre 1:

0	0
1	1

È immediato che queste matrici corrispondono alla definizione delle funzioni, e che servono a produrre l'output moltiplicando la funzione per un bit espresso come $|0\rangle$ o $|1\rangle$ in input. Per verifica, moltiplichiamo una delle matrici per uno stato. Scegliamo la 3, che ritorna NOT input e moltiplichiamo la matrice per lo stato $|0\rangle$. Lo stato $|0\rangle$ è lo stato in cui il valore $|0\rangle$ ha probabilità totale, e quindi corrisponde a un vettore [1,0]. Il prodotto della la matrice 3 per $|0\rangle$ quindi è:

0	1		1
1	0	*	0

e ricordiamo che esso si esegue con la regola della moltiplicazione di matrici, costruendo un vettore di output nel quale ogni elemento contiene la sommatoria dei prodotti dei valori delle righe della matrice, moltiplicando ogni elemento con l'indice della colonna nella matrice eguale alla riga corrispondente del vettore. Quindi il vettore risultante è:

output[0] = matrice[0][0]*input[0] + matrice[0][1]*input[1];

output[1] = matrice[1][0]*input[0] + matrice[1][1]*input[1];

per cui nel caso abbiamo:

output[0] = 0*1 + 1*0 = 0;

output[1] = 1*1 + 0*0 = 1;

e quindi il vettore risultante è [0,1] che corrisponde allo stato $|1\rangle$, e quindi a NOT input. Per la verifica completa delle quattro matrici, cfr. *QcNooq* 6.1.A.

Non potremmo proseguire ora con un algoritmo quantistico, perché due delle quattro matrici non sono unitarie, e precisamente nei due casi costanti il risultato non è reversibile: quando l'output è 0 o 1 costanti non possiamo risalire all'input. Dobbiamo quindi espandere la matrice con la tecnica per costruire gate reversibili vista nel capitolo precedente, e costruire per ogni funzione una matrice che dal lato dell'input ha tutti i valori possibili dell'input x e dell'output y, e dal lato dell'output ha la ripetizione dell'input x e i valori possibili non di f(x), ma di y^f(x). Cioè, utilizziamo le proprietà del gate controlled–NOT per rendere la funzione reversibile.

Per la funzione del primo caso, in cui f(x) = 0 costante, la matrice è la seguente:

	00	01	10	11
00	1	0	0	0
01	0	1	0	0
10	0	0	1	0
11	0	0	0	1

Nella colonna a sinistra abbiamo i casi possibili di x e y, nella riga superiore i casi possibili di x e y^f(x). Verifichiamo passo a passo che la tabella è costruita correttamente. Sviluppiamo tutti i passi e verifichiamo che nella matrice che rappresenta la funzione i valori pari a 1 si trovano nelle colonne corrispondenti al valore assunto da x e da y^f(x). Quindi per ogni x e y sviluppiamo f(x) e y^f(x), e così possiamo individuare quale colonna della matrice deve avere il valore 1 perché corrisponde a x e y^f(x):

	x	y	f(x)	y^f(x)	x, y^f(x)	00	01	10	11
00	0	0	0	0^0=0	00	1			
01	0	1	0	1^0=1	01		1		
10	1	0	0	0^0=0	10			1	
11	1	1	0	1^0=1	11				1

Per la funzione del secondo caso, in cui f(x) = x, la matrice è la seguente:

	00	01	10	11
00	1	0	0	0
01	0	1	0	0
10	0	0	0	1
11	0	0	1	0

Verifica, con la stessa tecnica:

	x	y	f(x)	y^f(x)	x, y^f(x)	00	01	10	11
00	0	0	0	0^0=0	00	1			
01	0	1	0	1^0=1	01		1		
10	1	0	1	0^1=1	11				1
11	1	1	1	1^1=0	10			1	

Per la funzione del terzo caso, in cui f(x) = NOT(x), la matrice è la seguente:

	00	01	10	11
00	0	1	0	0
01	1	0	0	0
10	0	0	1	0
11	0	0	0	1

Verifica:

	x	y	f(x)	y^f(x)	x, y^f(x)	00	01	10	11
00	0	0	1	0^1=1	01		1		
01	0	1	1	1^1=0	00	1			
10	1	0	0	0^0=0	10			1	
11	1	1	0	1^0=1	11				1

Per la funzione del quarto caso, in cui f(x) = 1 costante, la matrice è la seguente:

	00	01	10	11
00	0	1	0	0
01	1	0	0	0
10	0	0	0	1
11	0	0	1	0

Verifica:

	x	y	f(x)	y^f(x)	x, y^f(x)	00	01	10	11
00	0	0	1	0^1=1	01		1		
01	0	1	1	1^1=0	00	1			
10	1	0	1	0^1=1	11				1
11	1	1	1	1^1=0	10			1	

Avendo 4 funzioni e 4 valori di $|xy\rangle$, abbiamo ovviamente 16 casi totali. Eseguiamo ora il primo dei 16 casi totali, applicando all'input

$|00\rangle$ la funzione che restituisce zero costante. Il vettore che rappresenta l'input è [1000] perché l'input è $|00\rangle$:

xy	
00	1
01	0
10	0
11	0

e dobbiamo eseguire la moltiplicazione:

1	0	0	0		1		1
0	1	0	0	*	0	=	0
0	0	1	0		0		0
0	0	0	1		0		0

Il risultato è il vettore che nella prima colonna replica x, e nella seconda colonna ha y^f(x):

x	y^f(x)	
0	0	1
0	1	0
1	0	0
1	1	0

Quindi per conoscere f(x) dobbiamo eseguire (y in input)^(y^f(x) in output), nel nostro caso 0^0, che è uguale a zero, come atteso, dato che la funzione restituisce zero costante. *QcNooq* al punto 6.1.C esegue tutti i casi possibili. Il frammento di codice per eseguire un caso è il seguente:

```
// inizializzare la matrice della funzione
// costante zero
qx mout0 [4][4] = { {{1},{0},{0},{0}},
 {{0},{1},{0},{0}}, {{0},{0},{1},{0}},
 {{0},{0},{0},{1}}, };
// inizializzare l'input
// input with x = 0, y = 0
x input_00[4] = {{1},{0},{0},{0}};
qx output[4]; // vettore per l'output
// agire sul vettore eseguendo la moltiplicazione
qx_matrix_mmul(4,4,1,(qx *)mout0, (qx *)input_00,
 output);
// trovare il valore della seconda variabile
// nell'output (l'indice della variabile è 0 per x,
// 1 per y
char y_xor_fx;
y_xor_fx = qx_state_variable_binary_value(4,
```

```
 output, 1);
// ricordare che in caso di errore (stato non
// binario) viene restituito -1
if (y_xor_fx < 0)
{
  // ... segnalare l'errore nel software
}
// fx è (y in input)^(y^f(x) in output), quindi:
char fx;
fx = 0 ^ y_xor_fx;
// ... display fx per verificare che fx corrisponde
// al valore atteso per il caso
```

Ora torniamo al problema da risolvere, quello di trovare una tecnica per rispondere alla domanda: "la funzione è costante o bilanciata?" eseguendo la funzione una volta sola. La risposta è data dal seguente circuito quantistico applicato all'input $|01\rangle$. $[U_f]$ è la matrice unitaria della funzione considerata, $[H]$ è il gate Hadamard e $[I]$ la matrice unitaria, secondo la simbologia introdotta in precedenza. Per la misurazione usiamo il simbolo $[M]$. I passi sono i seguenti:

0: inizializzazione di $|\psi_0\rangle$
1: azione con Hadamard su x e y
2: azione con la funzione U_f su x e y
3: azione con Hadamard su x, e con Identity su y che resta invariato
4: misurazione di x

I passi si possono rappresentare in sequenza da sinistra verso destra in questo modo:

Step:	0	1	2	3	4
x	$|0\rangle$	$[H]$	$[U_f]$	$[H]$	$[M]$
y	$|1\rangle$	$[H]$		$[I]$	
Output:	$|\psi_0\rangle$	$|\psi_1\rangle$	$|\psi_2\rangle$	$|\psi_3\rangle$	

e corrispondono a queste operazioni, rappresentate ora da destra verso sinistra perché il moltiplicatore più a sinistra è quello che agisce successivamente:

$$([H]\otimes[I]) \, U_f \, ([H]\otimes[H]) \, |0,1\rangle.$$

Il frammento di codice corrispondente è il seguente. Dobbiamo inizializzare U_f (variabile mout0) e l'input, preparare la matrice di Hadamard della dimensione opportuna haha[4][4] mediante il prodotto tensoriale di Hadamard[2] per se stessa e preparare la matrice haid[4][4] che eseguirà $([H]\otimes[I])$ mediante il prodotto tensoriale di Hadamard e Identity. Poi eseguire in sequenza le moltiplicazioni:

```
// matrice Uf che dati x e y dà x e y^f(x):
qx mout0 [4][4] = { {{1},{0},{0},{0}},
 {{0},{1},{0},{0}}, {{0},{0},{1},{0}},
 {{0},{0},{0},{1}}, };
qx ha[2][2], ide2[2][2], haha[4][4], haid[4][4];
// input with x = 0, y = 1:
qx input_01[4] = {{0},{1},{0},{0}};
// initialize the necessary constants
// Hadamard[2][2]
qx_matrix_constant(QX_M22_HADA, (qx *)ha);
// Identity[2][2]
qx_matrix_constant(QX_M22_IDEN, 1, (qx *)ide2);
// Hadamard for both variables (step 1)
qx_matrix_tensor_product(2,2,2,2, (qx *)ha,(qx
 *)ha,(qx *)haha);
// Hadamard for x, Identity for y (step 3)
qx_matrix_tensor_product(2,2,2,2, (qx *)ha,(qx
 *)ide2,(qx *)haid);
// data for output of every step
qx phi1[4], phi2[4], phi3[4], measured[4];
// step 1
qx_matrix_mmul(4,4,1,(qx *)haha, (qx *)input_01,
 phi1);
// step 2
qx_matrix_mmul (4,4,1, (qx *)mout0, phi1, phi2);
// step 3
qx_matrix_mmul (4,4,1, (qx *)haid, phi2, phi3);
// step 4
qx_state_measurement(4, phi3, measured);
// retrieve value of x in output state
char x_in_output =
 qx_state_variable_binary_value(4, measured, 0);
```

Per inizializzare ide2 abbiamo usato una funzione che accetta come parametro il logaritmo in base 2 della dimensione della matrice, e che in seguito useremo anche per Hadamard per dimensioni maggiori di 2. Il codice è:

```
extern BOOL qx_matrix_constant (int casevalue, int
 intpower, qx *dd) // log base 2 of dimension
{
int j, k, dimension;
if ( intpower > 30 ) return FALSE;
```

```c
// dimension = 2 pow(intvalue) (32768 for
// parameter 15)
dimension = (1 << intpower);
double divisor;
switch ( casevalue )
{
default: return FALSE;
case QX_M22_IDEN: // identity of n dimensions
  for ( j = 0; j < dimension; ++j )
  {
    for ( k = 0; k < dimension; ++k )
    {
      dd[(j*dimension)+k].a = ((j == k ) ? 1.0 : 0.0
        );
      dd[(j*dimension)+k].b = 0.0;
    }
  }
break;
case QX_M22_HADA:
  // pow N of Hadamard (tensor product)
  double S2I;
  S2I = 1.0/(sqrt(pow(2.0,(double)intpower)));
  for ( j = 0; j < dimension; ++j )
  {
    for ( k = 0; k < dimension; ++k )
    {
      // sign is - if the number of bit == 1 in
      // (j & k) is odd
      int test = (j & k);
      int xbit, x, is_parity = 0;
      for ( xbit = 1, x = 0; x < intpower; ++x, xbit
        <<= 1 )
      {
        if ( test & xbit ) is_parity = (1 -
          is_parity);
      }
      dd[(j*dimension)+k].b = 0;
      if ( is_parity ) dd[(j*dimension)+k].a = -S2I;
      else dd[(j*dimension)+k].a = S2I;
    }
  }
  break;
}
return TRUE;
}
```

Notate che nell'algoritmo quello che accade a y non ci interessa. Alla fine viene misurato x perché è l'azione su x che risponde alla domanda e dà soluzione al problema.

Controlliamo ora l'evoluzione degli stati con input costante $|01\rangle$ e con le quattro funzioni, che si possono verificare con *QcNooq* (punti 6.1.D e 6.1.E) oppure facendo i calcoli a mano:

Funzione	Step	Stato iniziale	0	1	0	0	x in output
0 costante	1	dopo HAHA	1/2	−1/2	1/2	−1/2	
	2	dopo U_f	1/2	−1/2	1/2	−1/2	
	3	dopo HAID	1/√2	−1/√2	0	0	
	4	dopo Misura	0	1	0	0	0
		oppure	1	0	0	0	

Funzione	Step	Stato iniziale	0	1	0	0	x in output
input	1	dopo HAHA	1/2	−1/2	1/2	−1/2	
	2	dopo U_f	1/2	−1/2	−1/2	1/2	
	3	dopo HAID	0	0	1/√2	−1/√2	
	4	dopo Misura	0	0	1	0	1
		oppure	0	0	0	1	

Funzione	Step	Stato iniziale	0	1	0	0	x in output
NOT input	1	dopo HAHA	1/2	−1/2	1/2	−1/2	
	2	dopo U_f	−1/2	1/2	1/2	−1/2	
	3	dopo HAID	0	0	−1/√2	1/√2	
	4	dopo Misura	0	0	1	0	1
		oppure	0	0	0	1	

Funzione	Step	Stato iniziale	0	1	0	0	x in output
1 costante	1	dopo HAHA	1/2	−1/2	1/2	−1/2	
	2	dopo U_f	−1/2	1/2	−1/2	1/2	
	3	dopo HAID	−1/√2	1/√2	0	0	
	4	dopo Misura	1	0	0	0	0
		oppure	0	1	0	0	

Per ogni funzione, lo step della misura ha due possibilità, perché lo stato del sistema dopo lo step 3 ha sempre due valori con la stessa probabilità di essere intercettati alla misurazione e due valori con probabilità pari a zero. Cioè, dopo lo step 3 possiamo avere:

x	y	
0	0	±1/√2
0	1	±1/√2
1	0	0
1	1	0

che misurato darà x=0 e (y=0 oppure y=1), cioè $|00\rangle$ oppure $|01\rangle$, oppure possiamo avere:

x	y	
0	0	0
0	1	0
1	0	±1/√2
1	1	±1/√2

che misurato darà x=1 e (y=0 oppure y=1), cioè $|10\rangle$ oppure $|11\rangle$. Quindi in entrambe le possibilità, quale che sia il valore casuale della misurazione, accade che:

- per le due funzioni costanti x in output risulta 0
- per le due funzioni bilanciate x in output risulta 1

e pertanto è sufficiente eseguire una sola volta il circuito dell'algoritmo di Deutsch per decidere se la funzione sia costante o bilanciata.

In *QcNooq* 6.1.E trovate lo sviluppo dei calcoli per tutti i quattro casi dell'input. Notate che per l'input $|00\rangle$ e $|10\rangle$ l'algoritmo non dà risultato utile, mentre per l'input $|11\rangle$ l'algoritmo dà il risultato inverso a quello dato per $|01\rangle$, che consente egualmente di rispondere al quesito iniziale.

Perché Deutsch dà risposta al problema?

Non abbiamo dato una dimostrazione rigorosa dell'algoritmo, ma la tabella dei quattro casi è sufficiente a comprendere perché esso dia risposta: dopo lo step 3 (azione con [Hadamard]$\otimes$[Identity]), per le funzioni costanti non c'è nessuna probabilità di avere il valore $|1\rangle$ per $|x\rangle$ nella misurazione, mentre per le funzioni bilanciate $|x\rangle$ non c'è nessuna probabilità di avere $|0\rangle$. Questa conclusione è priva di eccezione, e notiamo che essa deriva interamente dalle proprietà delle operazioni sulle matrici, senza alcuna ipotesi riguardo allo hardware, che si assume capace di trattare l'input restituendo l'output corrispondente alle operazioni sulle matrici descritte.

Tralasciando l'ovvia considerazione che tutto questo non può avere altro uso che quello di introdurre l'idea di fondo degli algoritmi quantistici, lascio al lettore il compito di riflettere su questa domanda, che probabilmente gli si è già affacciata confusamente: che cosa succederebbe se gli altri algoritmi quantistici fossero soltanto espansioni di questa tecnica?

Notazione usuale per i circuiti quantistici

Esiste uno standard per la rappresentazione grafica dei circuiti quantistici, usando il quale la rappresentazione dell'algoritmo di Deutsch:

$$([H] \otimes [I])\, U_f\, ([H] \otimes [H])\, |0,1\rangle.$$

sarebbe la seguente:

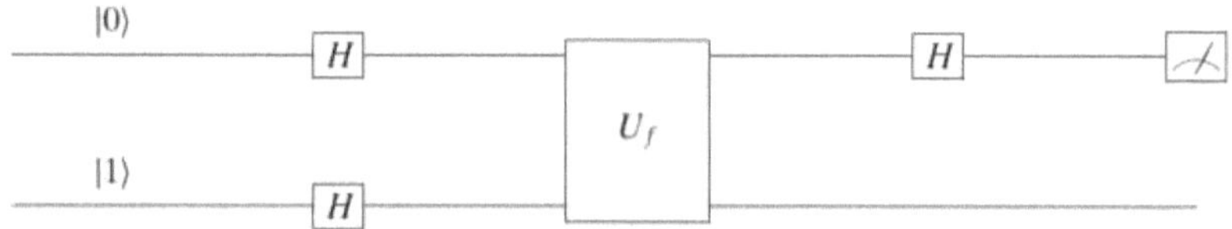

Questa rappresentazione corrisponde alla tabella dei passi che abbiamo usato sopra, e l'interpretazione è molto semplice:

- il senso di esecuzione dell'algoritmo nel tempo è da sinistra a destra (mentre la rappresentazione in formula mette a sinistra i moltiplicatori usati successivamente);

- $|0\rangle$ e $|1\rangle$ rappresentano un qubit, mentre in grassetto $|\mathbf{0}\rangle$ e $|\mathbf{1}\rangle$ rappresentano un vettore;

- le linee orizzontali corrispondono a un singolo qubit;

- questa rappresentazione di una linea orizzontale:

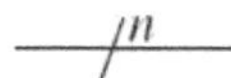

corrisponde a un vettore di n qubit;

- e l'immagine dello strumento analogico corrisponde alla misurazione.

Le matrici vengono rappresentate come rettangoli, e non è necessario rappresentare l'identità, dove un qubit è invariato.

6.2 Algoritmo di Deutsch–Josza

In questo algoritmo, trattiamo funzioni simili a quelle del semplice algoritmo di Deutsch, ma il dato in ingresso è un vettore di N bit x[N], mentre il dato in output è ancora un bit. Quindi in ingresso abbiamo un vettore di 2, 3, 4 ... bit, e in uscita $|0\rangle$ oppure $|1\rangle$. La funzione di base ha il prototipo:

$$\text{bit func(bit input\_vector[]);}$$

e chiamiamo:

- *costante* ogni funzione che, eseguita per tutti i valori possibili di x[N], restituisce $|0\rangle$ in ogni caso oppure $|1\rangle$ in ogni caso. Quindi le funzioni costanti sono 2 per qualsiasi dimensione di x[N].

- *bilanciata* ogni funzione che eseguita per tutti i valori possibili di x[N], torna lo stesso numero di $|0\rangle$ e di $|1\rangle$. Il numero delle funzioni bilanciate è una funzione di N (vedremo poi quale).

- *neutra* ogni altra funzione, che torna un numero di $|0\rangle$ diverso dal numero di $|1\rangle$. Il numero delle funzioni neutre sarà neutre = totali – 2 – bilanciate.

L'algoritmo di Deutsch–Josza (DJ nel seguito) fornisce una tecnica per conoscere (idealmente) mediante una sola esecuzione a quale dei tre tipi appartiene una funzione. Per ogni N, vi è un certo numero di funzioni diverse (vedremo quante tra breve) e vi è un certo numero di input possibili: con N=2 gli input possibili sono 4, e in generale essi sono 2^N. Nel caso di N=3 gli 8 input possibili sono:

x_0	x_1	x_2
0	0	0
0	0	1
0	1	0
0	1	1
1	0	0
1	0	1
1	1	0
1	1	1

Senza DJ, con N=3, data una qualsiasi delle molte funzioni possibili, dovremmo eseguire la funzione almeno 6 volte e in qualche caso 8 volte con input diverso per sapere a quale delle tre classi appartiene la funzione. Infatti, supponiamo di avere avuto 7 volte 0: dobbiamo eseguire la funzione per l'ottava volta per sapere se la funzione è zero costante (se restituisce ancora 0) o neutra (se restituisce 1).

Invece, supponiamo di avere avuto: [1111] da 4 esecuzioni: la funzione può essere ancora di qualsiasi tipo. Supponiamo che la quinta esecuzione restituisca 1: abbiamo avuto 5 volte 1, e di seguito potrebbe uscire 3 volte 0 (e allora la funzione sarebbe neutra) oppure tre volte 1 (e allora la funzione sarebbe costante). Eseguiamo la sesta volta: se il ritorno è 0 ci possiamo fermare, perché 1 è uscito 5 volte, 0 una volta e la funzione è sicuramente neutra. Invece, se dopo 4 volte uno abbiamo uno zero, dobbiamo proseguire fino alla fine per sapere se la funzione è bilanciata. In generale, dobbiamo eseguire la funzione almeno per almeno metà+2 dei casi dell'input per attribuire la funzione a una classe. Invece DJ ci fornisce informazioni sulla classe a cui appartiene la funzione anche con una sola esecuzione.

Le funzioni di base sono rappresentabili con matrici rettangolari. Con $N = 2$, la funzione che restituisce zero costante è:

1	1	1	1
0	0	0	0

Rappresentando i dati in ingresso come $|\psi\rangle$, con $N=2$ i dati in ingresso sono una colonna di 4 elementi con 4 casi possibili:

$$00 = \begin{bmatrix} 1 \\ 0 \\ 0 \\ 0 \end{bmatrix}$$

$$01 = \begin{bmatrix} 0 \\ 1 \\ 0 \\ 0 \end{bmatrix}$$

$$10 = \begin{bmatrix} 0 \\ 0 \\ 1 \\ 0 \end{bmatrix}$$

$$11 = \begin{bmatrix} 0 \\ 0 \\ 0 \\ 1 \end{bmatrix}$$

ed è immediato che il prodotto della matrice dell'esempio per ciascuno dei 4 casi restituisce [10], ovvero $|0\rangle$.

Anche qui, per eseguire una qualsiasi delle funzioni dentro l'algoritmo DJ, dobbiamo rappresentare ogni funzione di base, rappresentata da una matrice rettangolare non reversibile, in modo che la funzione sia eseguibile da un circuito quantistico, quindi con una matrice U_f reversibile che consenta di attuare la procedura:

Step: 0	1	2
$|x[N]\rangle$	$[U_f]$	$|x[N]\rangle$
$|y\rangle$		$|y\char94 f(x[N])\rangle$

dove $|x[N]\rangle$ è il vettore in input, $|y\rangle$ è un dei due valori possibili dell'output della funzione, e l'output del circuito ripete $|x[N]\rangle$ invariato e restituisce $|f(x[N])\char94 y\rangle$, dal quale si può ricavare $|f(x[N])\rangle$. Ricordate che $|x[N]\rangle$ è un vettore di N bit, ma $|f(x[N])\rangle$ è un bit.

Ora vogliamo fare questi passi:

1. implementare una tecnica con cui costruire tutte le funzioni possibili come matrici unitarie per un valore di N.
2. eseguire le funzioni di base come matrici unitarie e verificare l'output.
3. descrivere l'algoritmo DJ.
4. implementare l'algoritmo DJ e verificare che con una sola azione esso è in grado darci informazioni sulla classe a cui appartiene qualsiasi funzione.

Costruiamo ora la matrice U_f prima per il caso N = 2 e poi per il caso N = 3. Il caso N = 1 è quello dell'algoritmo di Deutsch trattato sopra, e non ha senso trattarlo qui.

Con N = 2, abbiamo 16 funzioni di base, perché i 4 input possibili possono dare 16 output, da 0 costante a 1 costante:

x_0	x_1		f_0	f_1	f_2	f_3	f_4	f_5	f_6	f_7	f_8	f_9	f_{10}	f_{11}	f_{12}	f_{13}	f_{14}	f_{15}
0	**0**		0	0	0	0	0	0	0	0	1	1	1	1	1	1	1	1
0	**1**		0	0	0	0	1	1	1	1	0	0	0	0	1	1	1	1
1	**0**		0	0	1	1	0	0	1	1	0	0	1	1	0	0	1	1
1	**1**		0	1	0	1	0	1	0	1	0	1	0	1	0	1	0	1

Notiamo che in generale le funzioni possibili sono 2 elevato a 2^N: le righe dei valori possibili sono 2^N, e le colonne delle funzioni possibili di conseguenza sono 2 elevato a 2^N. Con N = 2 le funzioni sono $2^4 = 16$, con N = 3 sono $2^8 = 256$, con N = 4 sono $2^{16} = 65536$. Di queste, due sono costanti, altre per un certo numero sono bilanciate, le altre sono neutre. E precisamente, quante sono le funzioni bilanciate? Sono $(2^N)!/((2^{N-1})!)^2$, e pertanto con N=2 sono $4!/(2!)^2 = 24/4 = 6$. Verificate nella tabella che ci sono 6 colonne che hanno due volte 1 e due volte 0.

Ora, prendiamo una funzione a due bit qualsiasi, per esempio quella che restituisce [0101], ovvero la funzione f_5. Dobbiamo costruire la matrice U_f, che avrà una riga per ogni caso di $|x[N]\rangle$ e $|y\rangle$, e una colonna per ogni caso di $|x[N]\rangle$ e $|f(x[N])$^$y\rangle$. Quindi, dovendo rappresentare anche il bit di output, la matrice quadrata avrà dimensione 2^{N+1}, nel nostro caso $2^3 = 8$. Per procedere passo dopo passo, costruiamo gli 8 casi possibili di $|x[N]\rangle$ e $|y\rangle$, calcoliamo prima $f(x[N])$, poi $f(x[N])$^y, e popoliamo la matrice U_f con i valori del caso (senza scrivere gli zeri per leggibilità):

					x_0	**0**	**0**	**0**	**0**	**1**	**1**	**1**	**1**
					x_1	**0**	**0**	**1**	**1**	**0**	**0**	**1**	**1**
x_0	x_1	y	f(x)	f(x)^y	f(x[N])^y	**0**	**1**	**0**	**1**	**0**	**1**	**0**	**1**
0	**0**	**0**	0	0		1							
0	**0**	**1**	0	1			1						
0	**1**	**0**	1	1					1				
0	**1**	**1**	1	0				1					
1	**0**	**0**	0	0						1			
1	**0**	**1**	0	1							1		
1	**1**	**0**	1	1									1
1	**1**	**1**	1	0								1	

E con questo abbiamo la funzione U_f che consente di eseguire la funzione di base in un algoritmo quantistico. Però, per verificare l'algoritmo DJ con tutti i casi anche solo con N=2, dovremo eseguirlo 16 volte per le 16 funzioni di base e verificare che esso sappia dirci di ogni funzione se essa è costante, bilanciata o neutra. Quindi prima di procedere vediamo come possiamo costruire le 16 matrici U_f con un programma. Per fare questo, per ogni funzione di base, che è un vettore di 4 bit func_values[4] che ci dà l'output per i quattro casi di x_0 e x_1, dobbiamo costruire una matrice Ufunc[8][8] inizializzata a zero, poi sviluppare gli 8 casi di x_0, x_1 e y, calcolare f(x) leggendolo da func_values[], calcolare f(x)^y e assegnare 1 a Ufunc[][]. L'indice in func_values[] è quello che corrisponde al caso corrente di x_0 e x_1, quindi x_0*2+x1. La riga in Ufunc[][] è quella che corrisponde al caso corrente di x_0, x_1 e y, quindi x_0*4+x_1*2+y. La colonna in Ufunc[][] è quella che corrisponde al caso corrente di x_0, x_1 e f(x)^y, quindi x_0*4+x_1*2+f(x)^y. Il codice è il seguente:

```
char func_values[4] = {0,1,0,1};
int x0, x1, y, fx, fx_xor_y;
int Urow, Ucol;
qx Ufunc[8][8];
```

```
// azzerare la matrice:
memset (Ufunc, 0, 8*8*sizeof(qx));
for (x0 = 0; x0 <= 1; ++x0)
{
  for (x1 = 0; x1 <= 1; ++x1)
  {
    for (y = 0; y <= 1; ++y)
    {
      fx = func_values[x0*2 + x1];
      fx_xor_y = fx^y;
      Urow = x0*4 + x1*2 + y;
      Ucol = x0*4 + x1*2 + fx_xor_y;
      Ufunc[Urow][Ucol].a = 1;
    }
  }
}
```

E con questo abbiamo costruito Ufunc per la funzione di base [0101]. Però dobbiamo fare il lavoro 16 volte, e se vorremo verificare tutto anche con N = 3 dovremo farlo 256 volte. Molto meglio inserire il tutto in un ciclo delle 16 funzioni possibili. Per avere i 16 casi della tabella func_values[4], usiamo uno stratagemma molto semplice: i 16 casi vanno da [0000] a [1111], quindi corrispondono alla rappresentazione binaria dei numeri interi compresi tra 0 e 15. Perciò per sviluppare i 16 casi sviluppiamo un ciclo con un indice func_idx da 0 a 15 e otteniamo il vettore func_values[4] corrispondente mediante una funzione che ci dà la rappresentazione binaria di un intero qualsiasi. Nella libreria di *QcNooq* abbiamo un'utility che costruisce in destination il vettore corrispondente alla rappresentazione binaria del numero:

```
extern void qx_binary_vector(char *destination, int
 lenght, unsigned int number)
{
// a 128 bit number can be represented
char binary[128+1];
int bx = 0, mask = 1;
  for (int i = 0; i < length; ++i)
  {
    if((mask&number) >= 1) binary[bx] = 1;
    else binary[bx] = 0;
    ++bx;
    mask<<=1;
  }
  --bx;
```

```
  for (; bx >= 0; --bx )
  {
    *dest = binary[bx]; ++dest;
  }
}
```

Quindi la procedura per costruire le matrici corrispondenti alle 16 funzioni è (*QcNooq* 6.2.A):

```
char func_values[4]; // NON INIZIALIZZATO
unsigned char func_idx; // index of base function
int x0, x1, y, fx, fx_xor_y;
int Urow, Ucol;
qx Ufunc[8][8];
for (func_idx = 0; func_idx < 16; ++func_idx)
{
  qx_binary_vector(func_values, 4, func_idx);
  memset (Ufunc, 0, 8*8*sizeof(qx));
  for (x0 = 0; x0 <= 1; ++x0)
  {
    for (x1 = 0; x1 <= 1; ++x1)
    {
      for (y = 0; y <= 1; ++y)
      {
        fx = func_values[x0*2 + x1];
        fx_xor_y = fx^y;
        Urow = x0*4 + x1*2 + y;
        Ucol = x0*4 + x1*2 + fx_xor_y;
        Ufunc[Urow][Ucol].a = 1;
      }
    }
  }
  // ora la matrice Ufunc corrispondente a func_idx
  // è costruita
  // possiamo verificarla o eseguire Deutsch_Josza
  // AZIONI su Ufunc ...
}
```

Notiamo che quanto sopra funzionerà anche per tre bit, dando le dimensioni opportune a vettori e matrici. Fatto questo, passiamo alla verifica, che serve solo a controllare che l'implementazione sia corretta (potremmo farne a meno). Nel ciclo delle 16 funzioni, dopo la costruzione di ogni Ufunc inseriamo la seguente chiamata (*QcNooq* 6.2.B):

```
void QCF_DJ_N2_verify(qx Ufunc[8][8])
{
```

```
qx invector[8]; // input vector: case of x0, x1, y
int inidx;
qx outvector[8];
int x0, x1, y, fx_xor_y, fx;
int cnt0;
cnt0 = 0;
  for (inidx = 0; inidx < 8; ++inidx)
  {
    memset (invector, 0, 8 * sizeof(qx));
    invector[inidx].a = 1.0;
    qx_matrix_mmul(8,8,1, (qx *)Ufunc, invector,
     outvector);
    x0 = qx_state_variable_binary_value(8, invector,
     0);
    x1 = qx_state_variable_binary_value(8, invector,
     1);
    y = qx_state_variable_binary_value(8, invector,
     2);
    fx_xor_y = qx_state_variable_binary_value(8,
     outvector, 2);
    fx = fx_xor_y ^ y;
    if (fx == 0) ++cnt0;
  }
  // Output del tipo di funzione che dipende da cnt
  // ...
}
```

A questa funzione di verifica diamo come parametro la matrice Ufunc da verificare e dentro di essa, per gli otto valori possibili dello stato $|x_0,x_1,y\rangle$ eseguiamo la moltiplicazione:

```
qx_matrix_mmul(8,8,1, (qx *)Ufunc, invector,
 outvector);
```

Poi estraiamo dal vettore in uscita il valore di $f(x)^y$ estraendo il bit di indice=2 con:

```
fx_xor_y = qx_state_variable_binary_value(8,
 outvector, 2);
```

e quindi troviamo fx da $f(x)^y$ eseguendo lo XOR. Nel ciclo contiamo le occorrenze dello 0 in fx con un contatore cnt0. Poiché la funzione è eseguita 8 volte, con y ridondante, potremmo rappresentare il risultato così:

```
char *typep;
if (cnt0 == 0) typep = "Constant 1";
else if (cnt0 == 8) typep = "Constant 0";
```

```
else if (cnt0 == 4) typep = "Balanced";
else typep = "Neutral";
```

Notiamo che potremmo anche eseguire la funzione solo 4 volte, con $y=|0\rangle$ oppure $y=|1\rangle$ indifferentemente. La eseguiamo 8 volte solo per verificare che tutti i risultati sono quelli attesi.

A questo punto, eseguiamo l'algoritmo DJ. Perché l'algoritmo abbia la forma qui descritta e perché dia l'output che vedremo, è discusso e dimostrato nei testi che trattano la materia in modo completo. Non è difficile capire che la ragione per cui DJ funziona è la stessa di Deutsch: la sovrapposizione mediante la matrice di Hadamard applicata opportunamente concentra la probabilità di trovare certi risultati rispetto ad altri. Noi però qui ci limitiamo ad assumere il risultato della teoria come acquisito, e quindi assumiamo solo la formula per eseguire DJ, che è il seguente circuito, di cui rappresentiamo i passi da sinistra verso destra:

Step:	0	1	2	3	4
x[N]	$x=|0[N]\rangle$	$[H]^{\otimes N}$	$[U_f]$	$[H]^{\otimes N}$	$[M]$
y	$y=|1\rangle$	$[H]$		$[I]$	
Output	φ_0	φ_1	φ_2	φ_3	

e che corrisponde alle moltiplicazioni:

$$([H]^{\otimes N}\otimes[I])\, U_f\,([H]^{\otimes N}\otimes[H])\,|0[N],1\rangle$$

e nella rappresentazione grafica usuale a:

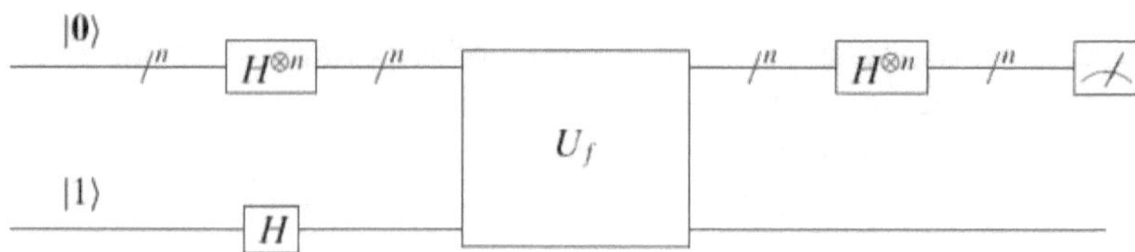

Steps:

0: inizializzazione del vettore $|x[N]\rangle$ con N volte zero, inizializzazione di $|y\rangle$ con $|1\rangle$;

1: sovrapposizione agendo su tutto con Hadamard. L'espressione $[H]^{\otimes N}$ significa che il prodotto tensoriale viene eseguito N volte per creare la matrice di Hadamard delle dimensioni necessarie.

2: azione con U_f.

3: Hadamard sull'output x (e Identità su y).

4: misurazione di x.

5: valutazione del tipo della funzione. Qua abbiamo una sorpresa non piacevole: abbiamo detto prima che l'algoritmo DJ *idealmente* ci fornisce informazioni sulla tipologia della funzione di base con una sola esecuzione di U_f. *Idealmente* voleva dire che in realtà le informazioni forniteci da DJ sono alquanto limitate. La misurazione, come risulta dal circuito, va eseguita sui valori trasformati di x[N] in φ_3 e eseguendo il circuito una sola volta sappiamo questo:

- se i bit sono entrambi a zero la funzione è o costante o neutra,

- altrimenti la funzione è o bilanciata o neutra.

Per avere un risultato più definito, possiamo eseguire l'algoritmo più volte e contare le occorrenze di 0 e 1 nei due bit di x, per ricavare un'informazione probabile ma non certa sulla classe della funzione. Dobbiamo contare le occorrenze dello zero nei due bit con i contatori counter_x00 e counter_x10 ed i test totali con total_counter, ed eseguire la seguente valutazione:

```
char *type_guessed_p;
if (counter_x00 == total_counter && counter_x10 ==
 total_counter)
  type_guessed_p = "Constant";
else if (counter_x00 == 0 && counter_x10 == 0)
  type_guessed_p = "Balanced";
else if (counter_x00 == total_counter ||
 counter_x10 == total_counter)
  type_guessed_p = "Balanced (or Constant)";
else
  type_guessed_p = "Neutral (or Constant)";
```

Cioè, dopo un certo numero di campioni se entrambi i bit risultano sempre pari a zero la probabilità che la funzione sia costante è molto alta, se entrambi risultano sempre pari a uno la probabilità è per la funzione bilanciata, e inoltre abbiamo altri due casi in cui la probabilità è "bilanciata, ma forse costante" e "neutra, ma forse costante".

Il codice che esegue il circuito senza le statistiche sull'output è:

```
qx x0[2] = {{1},{0}}; //input costante da
 definizione di DJ
qx x1[2] = {{1},{0}};
qx y[2] = {{0},{1}};
qx phix[4];
qx phi0[8], phi1[8], phi2[8], phi3[8], measured[8];
qx HA2[2][2];
qx HA4[4][4];
qx HA8[8][8];
```

```
qx ID2[2][2];
qx HA4ID[8][8];
// create phi0 using the tensor product of the
// input constant values
qx_matrix_tensor_product(1,2,1,2, x0, x1, phix);
qx_matrix_tensor_product(1,4,1,2, phix, y, phi0);
// create the constants
qx_matrix_constant(QX_M22_HADA, (qx *)HA2);
qx_matrix_tensor_product(2,2,2,2, (qx *)HA2, (qx
 *)HA2, (qx *)HA4);
qx_matrix_tensor_product(4,4,2,2, (qx *)HA4, (qx
 *)HA2, (qx *)HA8);
qx_matrix_constant(QX_M22_IDEN, (qx *)ID2);
qx_matrix_tensor_product(4,4,2,2, (qx *)HA4, (qx
 *)ID2, (qx *)HA4ID);
// superposition:
qx_matrix_mmul(8,8,1, (qx *)HA8, phi0, phi1);
// action with Ufunc:
qx_matrix_mmul(8,8,1, (qx *)Ufunc, phi1, phi2);
// superposition on X:
qx_matrix_mmul(8,8,1, (qx *)HA4ID, phi2, phi3);
// measurement:
qx_state_measurement(8, phi3, measured);
```

Per creare $|\varphi_0\rangle$ abbiamo usato il prodotto tensoriale dell'input, in modo corrispondente alla definizione (avremmo potuto inizializzarlo per le vie brevi, sapendo che il caso è [01000000]). Poi abbiamo costruito le matrici della dimensione opportuna per la sovrapposizione, agito con le moltiplicazioni e infine misurato. Dopo la misurazione possiamo rappresentare le informazioni certe e le informazioni probabili con questo codice. Notate che i contatori sono vettori, perché abbiamo bisogno di un contatore per ciascuna delle funzioni:

```
qx_state_measurement(8, phi3, measured);
outx0 = qx_state_variable_binary_value(8, measured,
 0);
outx1 = qx_state_variable_binary_value(8, measured,
 1);
if (outx0 == 0 && outx1 == 0) type_sure_p =
 "Constant or Neutral";
else type_sure_p = "Balanced or Neutral";
if (outx0 == 0) ++counter_x00[func_idx];
if (outx1 == 0) ++counter_x10[func_idx];
++total_counter[func_idx];
```

```
// guessed type after multiple execution
if (counter_x00[func_idx] ==
 total_counter[func_idx] && counter_x10[func_idx]
 == total_counter[func_idx])
type_guessed_p = "Constant";
else if (counter_x00[func_idx] == 0 &&
 counter_x10[func_idx] == 0)
 type_guessed_p = "Balanced";
else if (counter_x00[func_idx] ==
 total_counter[func_idx] || counter_x10[func_idx]
 == total_counter[func_idx])
 type_guessed_p = "Balanced (or Constant)";
else
 type_guessed_p = "Neutral (or Constant)";
```

Abbiamo valutato l'output per assegnare una variabile type_sure_p con la descrizione delle informazioni certe, e poi incrementato e valutato i contatori per assegnare una variabile type_guessed_p con la descrizione dell'informazione probabile. In *QcNooq* (6.2.C e 6.2.D) si trova l'esecuzione una volta sola e l'esecuzione per un campione molto alto (100 volte) per tutte le 16 funzioni.

Come in ogni altro caso, lo scopo di DJ è quello di reperire informazioni con un numero di cicli inferiore a quello di una ricerca classica. Data una qualsiasi delle funzioni, la differenza con la ricerca classica è che nel caso classico dopo il calcolo di una funzione per un solo caso non possiamo dire nulla, mentre con DJ possiamo dire qualcosa. Dopo due esecuzioni nel caso classico solo se abbiamo due risultati diversi possiamo escludere che la funzione sia costante, mentre con DJ possiamo attribuire una probabilità un po' più ricca di informazioni. Vedremo negli algoritmi successivi cosa di meglio si riesce a ottenere.

In *QcNooq* (dal punto 6.2.G in avanti) c'è il codice per DJ con N=3 e 256 funzioni: potete eseguirlo e soprattutto leggerlo per verificare di avere compreso interamente questo capitolo. Noterete che con N=3 le considerazioni sulla classe probabile da attribuire cambiano, e che per qualche funzione non si ha risposta significativa nemmeno dopo molti campionamenti.

A cosa serve DJ?

L'algoritmo DJ dà risposta in via molto approssimativa al problema posto sfruttando certe proprietà delle matrici che vengono utilizzate.

La considerazione conclusiva più ovvia è che l'algoritmo è di interesse meramente teorico, e che esso è privo di applicazione sia per la semplicità del problema a cui risponde, sia per la limitazione intrinseca nel fatto che la risposta ha un ampio margine di errore. Ma vi è una seconda considerazione che il lettore che ha seguito lo svolgimento del discorso dovrebbe avere fatto da sé: che la composizione della matrice U_f indispensabile per implementare l'algoritmo implica il calcolo di tutti i valori della funzione per tutto il range degli argomenti ammissibili, e questo significa che l'algoritmo DJ è privo di applicazione per una ragione ben più importante dell'approssimazione del risultato: esso è privo di applicazione perché la parte strettamente quantistica non aggiunge nulla a ciò che si viene a conoscere già durante il lavoro di setup necessario per eseguirla. Ritorneremo su questo punto dopo avere visto gli altri algoritmi quantistici.

6.3 Algoritmo di Simon

L'algoritmo di Simon risolve il problema di trovare il *periodo* (indicato nel seguito con il simbolo c) di una funzione che prende in input un vettore di bit di lunghezza N e restituisce un vettore della stessa lunghezza, e quindi avrebbe il prototipo:

$$\text{bit[N] func(bit[N])}.$$

Il periodo c è definito come un numero tale che:

$$\text{func(x\^c) = func(x)}.$$

Poiché $x^0 = x$, per ogni funzione esiste un periodo c che è 0. Alcune funzioni hanno un secondo periodo diverso da 0, e precisamente sono quelle per le quali c'è una relazione 2 a 1 tra input e output. Per esempio, con N=3 e quindi 3 bit, e quindi x compreso tra 0 e 7, se la funzione fosse semplicemente:

```
byte base_fx3(byte indata)
{
  return 7-indata;
}
```

avremmo un output diverso per ogni input, e non si troverebbe un valore di c diverso da 0 che verifica la definizione del periodo. Invece se la funzione ci restituisse la parte intera della divisione x/2 e quindi fosse:

```
byte base_fx3(byte indata)
{
  return indata/2;
}
```

avremmo lo stesso output per due input:

x	0	1	2	3	4	5	6	7
f(x)	0	0	1	1	2	2	3	3

ed avremmo un periodo c=1, perché, come è facile verificare, per tutti questi casi vale func(x) = func(x^1) :

x	x binario	f(x)	f(x) binario	x^1	x^1 binario	f(x^1)	f(x^1) binario
0	000	**0**	000	1	001	**0**	000
1	001	**0**	000	0	000	**0**	000
2	010	**1**	001	3	011	**1**	001
3	011	**1**	001	2	010	**1**	001
4	100	**2**	010	5	101	**2**	010
5	101	**2**	010	4	100	**2**	010
6	110	**3**	011	7	111	**3**	011
7	111	**3**	011	6	110	**3**	011

L'implementazione di questo algoritmo risulta molto compatta mediante l'uso degli operatori sui bit del linguaggio C, mentre senza di essi sarebbero necessarie espressioni molto più lunghe e ridondanti: quindi useremo il C non solo per implementare l'emulazione, ma anche per descrivere l'algoritmo. Poiché descriveremo l'algoritmo con N=3, ricordiamo che ogni valore possibile del vettore di 3 bit corrisponde a un numero decimale, e che le potenze di 2 corrispondono al valore 1 del bit nella posizione dell'esponente, quindi abbiamo:

binario	decimale	potenza di 2	
000	0		
001	1	2^0	
010	2	2^1	
011	3		=2+1
100	4	2^2	
101	5		=4+1
110	6		=4+2
111	7		=4+2+1

Dobbiamo inoltre tenere conto delle proprietà delle operazioni sui bit.

Operatori logici e operatori sui bit

La lettura di questa nota può essere omessa da chi conosce la differenza tra gli operatori logici e gli operatori sui bit in C e in molti linguaggi di programmazione. Altrimenti, la lettura è necessaria per capire gli esempi di codice del seguito.

Gli operatori logici convertono gli operandi in valori booleani, convertendo in 1 (true) qualsiasi valore diverso da zero dell'operando, e mantenendo lo 0 (false) se l'operando è zero, e così restituiscono sempre un valore booleano, 0 o 1. Invece gli operatori sui bit restituiscono il risultato del gate logico applicato a tutti i bit degli operandi, e il risultato è del tipo degli operandi, o dell'operando di dimensione maggiore tra i due. Ricordiamo che vi sono i seguenti operatori, con simboli distinti:

Operatore	Logico	Sui bit
NOT	!	~
AND	&&	&
OR	||	|
XOR	non definito	^

Perciò se supponiamo di avere due byte a e b, con a=4 e b=5, gli operatori logici restituiscono un bit (boolean) e abbiamo i seguenti casi:

Operatore	Operatore logico	Valori decimali	Operazione eseguita	Risultato
NOT	!a	!4	!1	0
	!b	!5	!1	0
AND	a&&b	4&&5	1&&1	1
OR	a||b	4||5	1||1	1

Invece gli operatori sui bit ci restituiscono un byte e con a=4 e b=5 abbiamo i seguenti casi:

Operatore	Operatore sui bit	Valori binari	Risultato
NOT	~a	~00000100	11111011
	~b	~00000101	11111010
AND	a&b	00000100&00000101	00000100
OR	a|b	00000100|00000101	00000101
XOR	a^b	00000100^00000101	00000001

Ovviamente, implementando qualsiasi algoritmo saremo costretti a eseguire le operazioni sui bit sempre su multipli di 8 bit (numeri interi di 1, 2, 4 o 8 byte). Pertanto, per essere sicuri di conservare solo i bit che ci interessano, dopo le operazioni su bit eseguiremo sempre & con una costante scelta in modo che azzeri i bit che ci non servono. Ad esempio, nell'implementazione dell'algoritmo di Simon con N=3 (tre bit), dopo avere operato sui bit ottenendo un byte fx, per esser sicuri di conservare solo i 3 bit meno significativi eseguiremo:

$$fx = fx\&7 \text{ (ovvero, } fx = fx \& [111]).$$

Se dovessimo eseguire il gate NOT su a=4 conservando solo 3 bit, dovremmo eseguire: fx=(~a)&7 per azzerare i bit fuori del nostro range. Le operazioni eseguite sarebbero:

	Valori binari	Risultato	Risultato decimale
~4	~00000100	11111011	251 (=128+64+32+16+8+2+1)
(~4)&7	11111011&00000111	00000011	3 (=2+1)

Ricordiamo che esistono anche gli operatori left shift a<<X e right shift a>>X, che muovono tutti i bit dell'operando X volte, come in questo esempio:

Input	Binario	Operazione	Risultato binario	Risultato decimale
4	00000100	4<<2	00010000	16
4	00000100	4>>1	00000010	2

Ricordiamo anche che x<<1 moltiplica x per 2 e x>>1 divide x per 2, e di conseguenza l'espressione (1<<N) è il modo più semplice e naturale di calcolare una potenza di 2, cioè 2^N. Per esempio, 1<<3 = 2^0<<3 = 1000 binario = 8 = 2^3. Sfrutteremo questa proprietà nelle implementazioni seguenti.

Torniamo ora all'algoritmo di Simon, con N=3 per semplicità. Dobbiamo trovare il periodo di determinate funzioni, sapendo che se ogni output corrisponde a due input, allora esiste anche un periodo c diverso da zero, altrimenti l'unica soluzione è c=[000]. La seguente funzione, che restituisce semplicemente una costante secondo una tavola di corrispondenza con l'input supponendo che il parametro in input sia nel range [000]–[111], ha un periodo c diverso da zero:

```
byte base_fx3(byte indata)
{
// ............ in .... { 0, 1, 2, 3, 4, 5, 6, 7 };
static byte output[8] = { 4, 1, 5, 7, 1, 4, 7, 5 };
  return output[indata];
}
```

Infatti, l'output ha i valori 4, 1, 5, 7 ripetuti ciascuno due volte:

x		f(x)	
0	000	4	100
1	001	1	001
2	010	5	101
3	011	7	111
4	100	1	001
5	101	4	100
6	110	7	111
7	111	5	101

Il periodo della funzione (oltre a 0) è 5, ovvero [101] perché:

x		f(x)		x^5		f(x^5)	
0	000	4	100	5	101	4	100
1	001	1	001	4	100	1	001
2	010	5	101	7	111	5	101
3	011	7	111	6	110	7	111
4	100	1	001	1	001	1	001
5	101	4	100	0	000	4	100
6	110	7	111	3	011	7	111
7	111	5	101	2	010	5	101

Ovviamente il contenuto della funzione potrebbe essere un calcolo complicatissimo, ma questo non è rilevante per l'algoritmo di Simon: perciò abbiamo definito la funzione nel modo più banale possibile, e avremmo potuto usare anche semplicemente y=x/2.

Per trovare il periodo nel modo più lento, ma più semplice, è necessario provare i valori possibili di c da 0 a 7 per tutti gli x possibili, e quindi eseguire il codice seguente (*QcNooq* 6.3.B):

```
byte c, x, x_xor_c;
// execution with c = 0 is unnecessary, but we
// include 0 to complete the test
for (c = 0; c < 8; ++c)
{
  for (x = 0; x < 8; ++x)
  {
   // zero not relevant bits
   x_xor_c = (x^c) & 0x07;
   if (base_fx3(x_xor_c) != base_fx3(x)) break;
  }
  if (x == 8) // condition verified
  {
   // display the period c ....
   break; // break cycle on retrieval of c
  }
}
```

Per la precisione, con 3 bit, nel caso peggiore dovremmo eseguire il ciclo esterno 6 volte, perché l'esecuzione per c=0 è inutile, e se sappiamo che la funzione è del tipo per cui esiste un c≠0, dopo il ciclo per il valore 6 non serve eseguire il settimo ciclo, perché sappiamo già che se c non si è trovato abbiamo c=7. Esistono modi di ottimizzare meglio la ricerca con metodi classici, ma non ci interessano.

Invece, dobbiamo ora riprendere la nozione dell'inner product (cfr.

il paragrafo 3.2) e ricordare, oltre alla definizione generale, che esiste una versione ridotta dell'inner product per vettori di bit, che restituisce un bit, il quale nell'implementazione ovviamente dovrà essere rappresentato in un byte, del quale avrà significato solo il bit meno significativo. Per ogni valore nel range da 0 a 2^N-1 (per noi da 0 a 7) si può eseguire $\langle v,c \rangle$ ottenendo un bit, cioè si può eseguire:

```
byte inpr, value;
if (cfound != 0)
{
  for (value = 0; value < 8; ++value)
  {
   inpr = qx_bit_inner_product(3, value, cfound);
   // display inpr = <value,c> ....
  }
}
```

e per la funzione che abbiamo adottato otteniamo questi valori (che si possono calcolare con *QcNooq* 6.3.B):

value		c		$\langle value,c \rangle$
0	000	5	101	0
1	001	5	101	1
2	010	5	101	0
3	011	5	101	1
4	100	5	101	1
5	101	5	101	0
6	110	5	101	1
7	111	5	101	0

Ricordiamo che come l'inner product generale su vettori di numeri reali o complessi restituisce uno scalare (e non un vettore), così l'inner product su vettori di bit restituisce un bit, non un vettore di bit. L'inner product ci servirà tra breve.

Per eseguire la funzione dentro un algoritmo quantistico, dobbiamo convertirla in una matrice unitaria U_f che ci consenta di eseguire, come sempre:

Step: 0	1	2
$\lvert x[N] \rangle$		$\lvert x[N] \rangle$
$\lvert y[N] \rangle$	$[U_f]$	$\lvert y[N]^\wedge f(x[N]) \rangle$

e questa volta, poiché abbiamo un vettore in ingresso e uno in uscita, la matrice avrà la dimensione 2^{2N}, nel nostro caso $2^6=64$. Per costruire la matrice possiamo eseguire questo codice (*QcNooq* 6.3.C):

```
qx Ufunc[64][64];
int j, n_row, n_col;
byte x, y, fx, y_xor_fx;
memset (Ufunc, 0, 64*64*sizeof(qx));
for (j = 0; j < 64; ++j)
{
  x = (j & (32|16|8)) >> 3;
  y = (j & (4|2|1));
  // this is the classical calculation of f(x):
  fx = base_fx3(x);
  y_xor_fx = y^fx;
  n_row = x*8 + y; // REDUNDANT: row is j
  n_col = x*8 + y_xor_fx;
  Ufunc[n_row][n_col].a = 1.0;
}
```

Il codice funziona così: percorriamo la matrice per le 64 righe con j. Per determinare i valori di x corrispondenti alla riga j dobbiamo prendere i 3 bit più significativi e spostarli a destra di 3 posizioni, mentre per determinare i valori di y dobbiamo prendere i 3 bit meno significativi:

```
x = (j & (32|16|8)) >> 3;
y = (j & (4|2|1));
```

Poi calcoliamo il valore della funzione con:

```
fx = base_fx3(x);
```

e determiniamo la colonna in cui dobbiamo assegnare il valore 1 alla parte reale del numero complesso con lo stesso metodo usato per DJ nella sezione precedente:

```
y_xor_fx = y^fx;
n_col = x*8 + y_xor_fx;
```

Notiamo che il calcolo della riga n_row è inserito per chiarezza, ma è ridondante, perché n_row corrisponde a j. Tuttavia, dovremmo eseguirlo se percorressimo la matrice con due cicli, uno esterno per x e uno interno per y.

QcNooq (6.4.D) ci consente ora di visualizzare la matrice, verificare che sia unitaria (non può non esserlo: ma con la verifica ci accertiamo di non avere commesso errori) e provarla con valori casuali. Supponendo che Ufunc sia stata costruita, possiamo eseguire:

```
qx invector[64], outvector[64];
int j;
byte x, y, y_xor_fx, fx;
```

```
j = qx_random() % 64;
memset (invector, 0, 64 * sizeof(qx));
invector[j].a = 1;  // chosen row of matrix
qx_matrix_mmul(64,64,1,(qx *)Ufunc, invector,
 outvector);
x = (qx_state_variable_binary_value(64, invector,
 0)<<2) + (qx_state_variable_binary_value(64,
 invector, 1)<<1) +
 (qx_state_variable_binary_value(64, invector, 2));
y = (qx_state_variable_binary_value(64, invector,
 3)<<2) + (qx_state_variable_binary_value(64,
 invector, 4)<<1) +
 (qx_state_variable_binary_value(64, invector, 5));
y_xor_fx =
(qx_state_variable_binary_value(64,outvector,
 3)<<2) +
 (qx_state_variable_binary_value(64,outvector,
 4)<<1) +
 (qx_state_variable_binary_value(64,outvector, 5));
fx = y_xor_fx ^ y;
// output x,y,fx for verification ...
```

Attenzione all'interpretazione dell'input e output: dopo avere costruito <u>invector</u> scegliendo un elemento a caso e calcolato <u>outvector</u> con la solita moltiplicazione, dobbiamo estrarre i bit di x che sono le variabili 0, 1 e 2 di <u>invector</u> (contando la variabili da destra verso sinistra) e i bit di y che sono le variabili 3, 4 e 5. Poi per ciascuna variabile x e y dobbiamo comporre un byte con i 3 bit che abbiamo estratto. Ad esempio, con j=19, l'estrazione dei tre bit di x dalle variabili 0, 1 e 2 da <u>invector</u> darebbe: 0, 1, 0. Per comporre x come byte, eseguiamo (0<<2)+(1<<1)+0, ottenendo x=2 (=010 binario). Lo stesso per y. Con la stessa tecnica estraiamo y^f(x) da <u>outvector</u>, e poi ne ricaviamo f(x). Infine possiamo rappresentare x e f(x) per verificare che il calcolo mediante U_f dà gli stessi risultati del calcolo con la funzione base_fx3().

A questo punto interviene l'algoritmo di Simon, che il lettore si aspetterà serva a trovare il periodo c. Per la verità esso non è in grado di trovare il periodo c, ma è in grado di darci alcuni elementi con un numero di iterazioni minore rispetto alla ricerca non quantistica. Il circuito è semplicemente questo:

Step:	0	1	2	3	4
x[N]	$x=\lvert 0[N]\rangle$	$[H]^{\otimes N}$	$[U_f]$	$[H]^{\otimes N}$	$[M]$
y[N]	$y=\lvert 0[N]\rangle$	$[I]$		$[I]$	
Output	φ_0	φ_1	φ_2	φ_3	

ovvero:

$$([H]^{\otimes N}\otimes[I])\,U_f([H]^{\otimes N}\otimes[I])\,\lvert 0[N],0[N]\rangle$$

e nella rappresentazione grafica usuale:

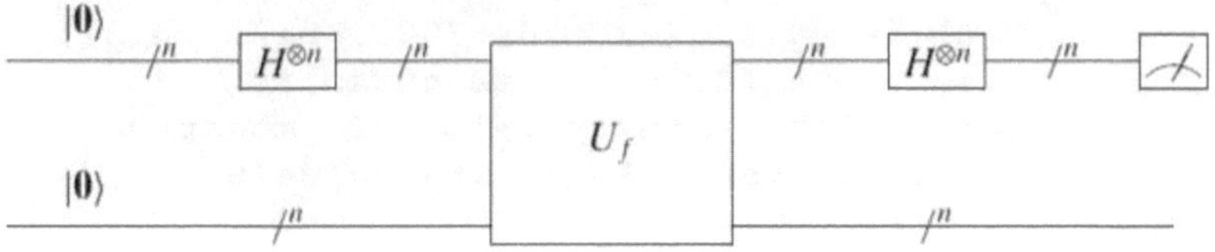

Steps:

0: inizializzazione di input e output a 0[N].

1: input in sovrapposizione con Hadamard della dimensione opportuna.

2: azione con U_f.

3: nuova sovrapposizione su x.

4: misurazione di x (y non importa).

A cosa serve questo circuito? Si dimostra che la misurazione restituisce sempre un vettore z tale che $\langle z,c\rangle=0$ ($\langle z,c\rangle$ è l'inner product sui bit). Possiamo implementare il circuito e provarlo alcune volte con input casuali, e constatare che il valore z appartiene sempre all'insieme dei valori per i quali l'inner product con c dà 0. Abbiamo visto sopra che nel nostro esempio questi valori sono:

value		c		$\langle$value,c$\rangle$
0	000	5	101	0
2	010	5	101	0
5	101	5	101	0
7	111	5	101	0

Il codice è il seguente (*QcNooq* 6.3.E):

```
qx phi0[64], phi1[64], phi2[64], phi3[64],
 measured[64];
qx HA8[8][8];
qx ID8[8][8];
qx HA8ID8[64][64];
byte z;
// necessary constants
```

```
qx_matrix_constant(QX_M22_HADA, 3, (qx *)HA8);
qx_matrix_constant(QX_M22_IDEN, 3, (qx *)ID8);
qx_matrix_tensor_product(8,8,8,8, (qx *)HA8, (qx
 *)ID8, (qx *)HA8ID8);
// phi0 = [1000.....]
memset (phi0, 0, sizeof(phi0));
phi0[1].a = 1.0;
qx_matrix_mmul(64,64,1, (qx *)HA8ID8, phi0, phi1);
qx_matrix_mmul(64,64,1, (qx *)Ufunc, phi1, phi2);
qx_matrix_mmul(64,64,1, (qx *)HA8ID8, phi2, phi3);
qx_state_measurement(64, phi3, measured);
z = (qx_state_variable_binary_value(64, measured,
 0)<<2) + (qx_state_variable_binary_value(64,
measured, 1)<<1) +
 (qx_state_variable_binary_value(64, measured, 2));
//now display z for verification ....
```

Anche qui abbiamo usato la versione di qx_matrix_constant() che consente di dare come parametro anche la potenza di 2 ($\log_2$) della dimensione della matrice. Per l'inizializzazione di phi0 andiamo per le vie brevi, dato che dovendo inizializzare tutto a zero sappiamo che l'elemento da porre a 1 è la parte reale di phi0[0]. Dopo avere eseguito le moltiplicazioni e misurato, estraiamo i valori corrispondenti ai 3 bit dell'input, ed eseguendo il codice qualche volta possiamo verificare che z appartiene all'insieme dei valori attesi.

A questo punto, per trovare c, il circuito si deve eseguire alcune volte, sino a quando non si sono trovati N valori diversi di z, tutti diversi da 0. Con N=3, dopo aver trovato tre valori z_A, z_B e z_C, possiamo impostare il seguente sistema di equazioni:

$$\langle z_A, c \rangle = 0;$$

$$\langle z_B, c \rangle = 0;$$

$$\langle z_C, c \rangle = 0;$$

Si osservi che abbiamo tre incognite, che sono i 3 bit di c, c_0, c_1 e c_2, e quindi il sistema può essere espresso come:

$$z_{A0}*c_0 + z_{A1}*c_1 + z_{A2}*c_2 = \text{un numero pari};$$

$$z_{B0}*c_0 + z_{B1}*c_1 + z_{B2}*c_2 = \text{un numero pari};$$

$$z_{C0}*c_0 + z_{C1}*c_1 + z_{C2}*c_2 = \text{un numero pari};$$

Cioè, il calcolo numerico di $z_{A0}*c_0 + z_{A1}*c_1 + z_{A2}*c_2$ darebbe un risultato intero, ma per la definizione dell'inner product sui bit quando questo numero è pari l'equazione corrisponde a $\langle z_A, c \rangle = 0$.

Ora, poiché a destra del segno di eguale non abbiamo un numero reale, ma abbiamo l'informazione che il risultato dell'operazione a sinistra è pari, la risoluzione del sistema richiede artifici adeguati al caso (il sistema non è risolubile con sostituzione o determinante o con gli altri metodi soliti). La soluzione del sistema nel modo più semplice potrebbe costituire un esercizio interessante, ma per verificare il risultato dell'algoritmo di Simon ci basta un lento e poco elegante ciclo sui valori possibili di c, nel quale si esegua l'inner product con i valori di z diversi da zero che si sono trovati. Quando troviamo che c verifica tutti gli N valori di z diversi da zero che abbiamo trovato, allora il valore corrente di c è il periodo cercato.

Quindi, procediamo in questo modo (*QcNooq* 6.3.F). Creiamo un vettore delle frequenze per ogni valore possibile di z:

```
int z_frequency[8];
```

ed eseguiamo molte volte il circuito. Dopo avere trovato z nel vettore misurato, incrementiamo la frequenza di quel valore:

```
++z_frequency[z];
```

Quando ci siamo accorti di avere trovato 3 valori di z maggiori di zero, eseguiamo:

```
for (c = 0; c < 8; ++c)
{
  // do not test the zero case of z - you would
  // find c=0
  for (found = 0, z = 1; z < 8; ++z)
  {
    if (z_frequency[z] == 0) continue;
    if (qx_bit_inner_product(3, z, c) == 0)
     ++found;
  }
  if (found == 3)
  {
    // the current value of c is the period.
    // Display ....
  }
}
}
```

Risolvendo il sistema con questo metodo, che è il più semplice e il meno raffinato che si possa implementare, ci si accorge che il rendimento dell'algoritmo è scarso: servono in media 6 o 7 test per trovare tre valori di z diversi da zero.

Però, in *QcNooq* possiamo eseguire l'algoritmo anche con N=6 (da 6.3.G in poi), definendo una funzione di base che oltre a 0 ha periodo c=32. Consultate il codice sorgente nel progetto, nel quale avremmo potuto creare routine parametriche per eseguire l'algoritmo con N variabile, ma abbiamo preferito non farlo per conservare una migliore leggibilità.

Con N=6, abbiamo:

$$0 \leq x \leq 64$$

e lo stesso per y e per il periodo c. I vettori $|\varphi\rangle$ prendono la dimensione 64^2, quindi 4096, e le matrici per U_f e per gli operatori costanti prendono la dimensione 4096^2, quindi 16.777.216. Queste dimensioni non sono in byte, ma devono essere moltiplicate per la dimensione della struttura qx (16 bytes), e pertanto l'allocazione di memoria è gigantesca.

Per quanto riguarda l'emulazione, volendo emulare algoritmi quantistici con dati più estesi diventerebbe necessario implementare delle ottimizzazioni, tra cui:

1. non è necessario rappresentare le matrici quadrate U_f con matrici allocate in memoria: in ciascuna di esse per ogni riga c'è un'unica colonna con il valore 1.0, e quindi per rappresentare le U_f basterebbe usare un vettore di interi nel quale ogni elemento k contiene la colonna non zero corrispondente alla riga k. Poi si dovrebbe implementare la moltiplicazione di una matrice rappresentata in questo modo per un vettore $|\varphi\rangle$.

2. non è necessario allocare in memoria le matrici corrispondenti alle costanti composte mediante i gate di base: basta implementare funzioni che eseguono la moltiplicazione della costante del caso per un $|\varphi\rangle$, cercandone i valori di riga e colonna nel ciclo che esegue la moltiplicazione.

Ma questo riguarderebbe solo l'emulazione: quando esistesse un computer quantistico affidabile funzionante con un numero utile di qubit, il problema della immensa quantità di memoria del computer classico che si comporta come client di quello quantistico, al quale vengono demandati certi calcoli, permane ed è di grande rilevanza.

Eseguendo l'algoritmo per una funzione a 6 bit ci accorgiamo di diverse cose. In primo luogo, che l'esecuzione è alquanto lenta, e non può essere diversamente. Ma ricordiamo che se il processore quantistico fosse realmente disponibile, il cuore dell'operazione, cioè le moltiplicazioni:

```
qx_matrix_mmul((64*64),(64*64),1,(qx
 *)HA64ID64,phi0,phi1);
qx_matrix_mmul((64*64),(64*64),1,(qx
 *)Ufunc_64,phi1,phi2);
qx_matrix_mmul((64*64),(64*64),1,(qx
 *)HA64ID64,phi2,phi3);
```

sarebbe eseguito con tre sole azioni, o tre soli cicli, del processore quantistico, mentre noi dobbiamo percorrere le 4096 righe e colonne delle matrici in emulazione. Poi, ci accorgiamo che sono sufficienti pochi cicli, 6 o 7, per trovare 6 valori diversi di z, perché i valori possibili di z sono molti ed è poco probabile trovare due volte lo stesso con poche esecuzioni dell'algoritmo. Però talvolta il valore di z rivela per il periodo c, oltre al valore corretto, anche altri due valori erronei, sicché con 6 bit non è certo, ma è solo probabile, che $\langle z,c \rangle = 0$ e che l'algoritmo di Simon serva a trovare il periodo c. Questa è una limitazione che ci ricorda quella di DJ, che ci dà solo indicazioni probabili sulla tipologia della funzione a cui si applica.

A cosa serve Simon?

Esattamente come DJ, l'algoritmo di Simon dà risposta in via molto approssimativa al problema posto sfruttando certe proprietà delle matrici che vengono utilizzate. Date le proprietà della matrice di Hadamard, si dimostra che la misurazione restituisce sempre un vettore z tale che $\langle z,c \rangle = 0$, e questa proprietà consente di risalire al periodo c.

Ma anche qui, come abbiamo osservato per DJ, la composizione della matrice U_f indispensabile per implementare l'algoritmo implica il calcolo di tutti i valori della funzione di base per tutto il range degli argomenti ammissibili, con il che l'algoritmo si rivela essere assolutamente privo di qualsiasi uso, anche quando esistesse lo hardware quantistico, perché il lavoro di compilazione della matrice U_f (che lo hardware quantistico presuppone come dato esterno) è di per sé impegnativo quanto o più della ricerca del periodo con la esecuzione di un ciclo classico. Il lettore ora supporrà, probabilmente, che gli algoritmi più complessi non siano soggetti a questa limitazione.

6.4 Algoritmo di Grover

L'algoritmo di Grover viene generalmente indicato come "Grover's search algorithm": ma è bene chiarire subito che l'algoritmo non è utilizzabile per alcuna ricerca in un insieme di dati, e il problema a cui esso risponde presenta una solo una certa somiglianza con il problema della ricerca in un data base. Questa precisazione preliminare anticipa una conclusione a cui sarebbe giusto arrivare solo dopo aver studiato l'algoritmo, tuttavia è opportuna, perché in assenza di essa il lettore, mentre lavora per capire l'algoritmo, tende a chiedere a se stesso: "ma di quale ricerca stiamo parlando?", e il dubbio gli impedisca di mettere a fuoco rapidamente la struttura dell'algoritmo.

Il problema è questo: supponiamo di avere una funzione:

bit func(bit vector[N])

la quale in input ha un vettore di bit (per esempio un vettore di 3 bit), in output ritorna 1 per un solo valore del vettore, come [101], e ritorna 0 in ogni altro caso. Se vogliamo sapere per quale argomento la funzione ritorna 1, dobbiamo eseguire la funzione per [000], [001], ecc., e nel caso peggiore dobbiamo eseguirla N volte (oppure N–1 volte se abbiamo la garanzia che vi sia una soluzione: perché in questo caso se il penultimo argomento [110] non verifica la funzione, sappiamo che l'ultimo argomento possibile [111] deve essere la soluzione). Se abbiamo molte funzioni con distribuzione casuale, in media dobbiamo eseguire la funzione N/2 volte (o poco meno nel caso in cui conosciamo l'insieme dei valori esistenti nel vettore), perché tale è la probabilità di trovare il valore cercato.

Questo problema ha una similitudine con la ricerca di un elemento in una lista non ordinata. Infatti, supponiamo che si deva cercare un carattere in un vettore disordinato come [HGEFCBAD]. Se cerchiamo 'D' dobbiamo percorrere gli 8 elementi per trovarlo, ma se abbiamo la certezza che ciascuna delle 8 lettere ABCDEFGH ha un'occorrenza, allora possiamo fermarci al penultimo caso e dedurre che il successivo è la D. Se abbiamo molti casi, in media dobbiamo fare N/2 ricerche per ciascun caso, o (N–1)/2 ricerche se sappiamo di poter applicare la regola di non superare la penultima ricerca nel caso peggiore perché sappiamo che il carattere cercato esiste nel set.

Lavoriamo ora su 3 bit, e definiamo una funzione banale che ritorna 1 per l'argomento [101], ovvero per l'argomento 5 se guardiamo l'input come espressione binaria di un numero:

```
byte grover_3bit_base_function(byte input)
{
  if (input == 5) return 1;  // 5 = binary 101
  else return 0;
}
```

La funzione si trova in *QcNooq* 6.4.A.

Ora dobbiamo come sempre esprimere la funzione in modo da poterla usare con i metodi quantistici, e quindi in modo da poter eseguire:

Step: 0	1	2
$|x[N]\rangle$	$[U_f]$	$|x[N]\rangle$
$|y\rangle$		$|y^\wedge f(x[N])\rangle$

dove $|x[N]\rangle$ è il vettore in input, $|y\rangle$ è un dei due valori possibili dell'output della funzione, e l'output del circuito ripete $|x[N]\rangle$ e restituisce $|f(x[N])^\wedge y\rangle$, dal quale si può ricavare $|f(x[N])\rangle$. Ricordate che $|x[N]\rangle$ è un vettore di N bit, ma $|f(x[N])\rangle$ in questo caso è un bit. Il codice che crea e verifica la matrice (*QcNooq* 6.4.B) come sempre azzera la matrice, poi per ogni riga assegna il valore 1 alla colonna corrispondente a y^f(x). Questo è il contenuto di una funzione che costruisce la matrice:

```
void QCF_Buid_Grover_3bit_func_Uf()
{
qx Ufunc[16][16];
byte x, y, fx, y_xor_fx;
int row, col;
qx phi0[16], phi1[16];
  memset(Ufunc, 0, sizeof(Ufunc));
  for (x = 0; x < 8; ++x)
  {
    for (y = 0; y <= 1; ++y)
    {
      fx = grover_3bit_base_function(x);
      y_xor_fx = y^fx;
      row = x * 2 + y;
      col = x * 2 + y_xor_fx;
      Ufunc[row][col].a = 1;
    }
  }
  // output Ufunc for verification ....
}
```

Per la verifica, si assegna 1 all'elemento di phi0 corrispondente a ogni valore possibile di x, si esegue la moltiplicazione e si estrae lo stato in uscita:

```
for (x = 0; x < 8; ++x)
{
  y = 0; // could be 1, it does not matter
  memset (phi0, 0, sizeof(phi0));
  // input data, row corresponding to x
  phi0[x*2+y].a = 1.0;
  qx_matrix_mmul(16,16,1, (qx *)Ufunc, phi0, phi1);
  // Notice that the binary variable to be
  // extracted is 3, i.e. the fourth bit
  y_xor_fx =
   qx_state_variable_binary_value(16,phi1,3);
  fx = y^y_xor_fx;
  // output x and fx ....
}
```

Ricordiamo che abbiamo tre bit in ingresso e uno in uscita, quindi per conoscere f(x) dobbiamo estrarre il quarto bit da phi1 (variabile di indice 3):

```
y_xor_fx =
 qx_state_variable_binary_value(16,phi1,3);
```

A questo punto, l'algoritmo di Grover interviene con un metodo che ci consente di trovare l'input con cui la funzione ritorna 1 eseguendo non N o N–1 cicli, ma un numero minore, che inizialmente assegniamo a 3, e poi discuteremo meglio. Per eseguire Grover, dobbiamo inizializzare una matrice di dimensione N (che chiamiamo M_IDE_2A) la quale esegue un'operazione denominata *inversione attorno alla media* e si costruisce con questo criterio:

- per $x = y$, $\text{M\_IDE\_2A}[x][y] = -1 + 2/2^N$
- per $x \neq y$, $\text{M\_IDE\_2A}[x][y] = 2/2^N$

Il codice che costruisce la matrice è questo (*QcNooq* 6.4.C):

```
void QCF_Buid_Grover_average_inversion_matrix(int
 size, qx *MI2A)
{
int r, c;
  for (r = 0; r < size; ++r)
  {
    for (c = 0; c < size; ++c)
    {
      // Take care of floating point. Do not
```

```
    // calculate an integer division:
    if (r == c) MI2A[r*size+c].a = -1.0 +
      (2.0/(double)size);
    else MI2A[r*size+c].a = (2.0/(double)size);
    MI2A[r*size+c].b = 0;
   }
  }
}
```

Per comprendere il ruolo svolto questa matrice, usiamo un esempio che non fa parte dei calcoli quantistici. Supponiamo di avere un vettore di N numeri, con N=4, per esempio: v[4]={22, 37, 5, 12}. La media è (22+37+5+12)/4=19. Poi costruiamo una matrice quadrata in cui ogni elemento [x][y] è uguale a 1/N. Moltiplicando questa matrice per il vettore otterremmo un vettore in cui ogni elemento è uguale alla media:

1/4	1/4	1/4	1/4		22					
1/4	1/4	1/4	1/4	*	37	=	19	19	19	19
1/4	1/4	1/4	1/4		5					
1/4	1/4	1/4	1/4		12					

Questa matrice non è unitaria, e non si potrebbe usare in un calcolo quantistico. Ma definiamo ora l'operazione che abbiamo chiamato inversione attorno alla media in questo modo: ogni elemento v[x] del vettore è sostituito da:

$$v\_t[x] = media+(media-v[x]).$$

Quindi nell'esempio avremmo:

v[x]	22	37	5	12
media+(media-v[x])	19+(19-22)	19+(19-37)	19+(19-5)	19+(19-12)
v_t[x]	16	1	33	26

Il vettore trasformato si trova disposto simmetricamente sopra e sotto la linea della media, così:

v_t:			33	
v_t:				26
media		19		
v_t:	16			
v_t:		1		

Queste operazioni si possono verificare in *QcNooq* 6.4.D (ma è consigliabile verificare il calcolo a mano).

Con queste premesse possiamo procedere a descrivere l'algoritmo di Grover. Innanzitutto, la matrice M_IDE_2A costruita mediante il criterio definito sopra trasforma un vettore eseguendo esattamente l'operazione di inversione attorno alla media ora descritta: v[4] diventa v_t[4] come nell'esempio. Nei casi che ci interessano, cioè quelli in cui il numero degli elementi della matrice è una potenza di 2, la matrice M_IDE_2A è unitaria, anche se a prima vista non sembra tale. Infatti, si dimostra che se tutti gli elementi di una matrice quadrata M sono l'inverso di una potenza di 2, allora M*M=M, e sulla base di questo si può dimostrare che anche la matrice di inversione attorno alla media è unitaria. In *QcNooq* possiamo verificarlo con qx_matrix_is_unitary(), che ovviamente non ha valore di dimostrazione generale, ma ci assicura che non stiamo commettendo errori nell'implementazione.

Nel nostro caso, per qualsiasi dimensione N del vettore a cui applicare U_f, la dimensione di U_f è 2^{N+1}, la dimensione di M_IDE_2A è 2^N, e quindi M_IDE_2A è unitaria. Procedendo con input di N=3 bit, quindi con $U_f[16][16]$, costruiremo M_IDE_2A[8][8].

Poi eseguiremo la seguente procedura dell'algoritmo, nel quale un ciclo controllato classicamente esegue N_ITERATIONS volte il seguente circuito, con N_ITERATIONS=3:

Step:	0	1	loop	2	3	4		5
x[N]	$x=\|0[N]\rangle$	$[H]^{\otimes N}$	N_ITER	[I]	$[U_f]$	[M_IDE_2A]	}	[M]
y	$y=\|1\rangle$	[I]	ATIONS	[H]		[I]		
Output	φ_0	φ_1	times {	φ_2	φ_3	φ_4		

ovvero:

$$[([M\_IDE\_2A]\otimes[I])U_f([I]^{\otimes N}\otimes[H])]\ ([H]^{\otimes N}\otimes[I])\ |0[N],1\rangle$$

e nella rappresentazione grafica:

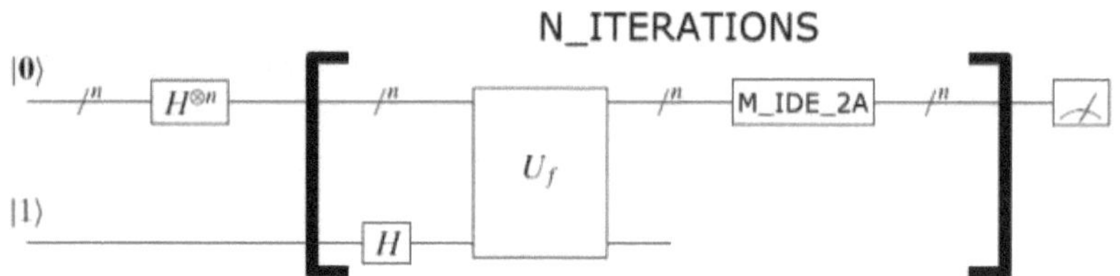

Steps:

0: inizializzazione di x con $|0[N]\rangle$ e y con $|1\rangle$.

1: $|x\rangle$ in sovrapposizione con $[H]^{\otimes N}$.

Ripetizione per N_ITERATIONS:

  2: $|y\rangle$ in sovrapposizione con [H]

  3: azione con la funzione U_f.

4: azione con la matrice di inversione attorno alla media.

5: misurazione di |x).

Il codice dell'algoritmo per tre bit è il seguente (*QcNooq* 6.4.E), e chiama le due funzioni che abbiamo visto sopra per inizializzare la matrice U_f e la matrice M_IDE_2A di inversione:

```
// Build the acting matrices: Ufunc and inversion
qx Ufunc[16][16];
QCF_Build_Grover_3bit_func_Uf(Ufunc);
qx M_IDE_2A[8][8];
QCF_Build_Grover_3bit_average_inversion_matrix(8,
 (qx *)M_IDE_2A);
// Build the constant matrices needed:
qx HA[2][2];
qx HA3[8][8];
qx HA4[16][16];
qx IDE1[2][2];
qx IDE3[8][8];
qx IDE3HA[16][16];
qx HA3IDE[16][16];
qx M_IDE_2A_IDE[16][16];
qx_matrix_constant(QX_M22_HADA,  (qx *)HA);
qx_matrix_constant(QX_M22_HADA,4,(qx *)HA4);
qx_matrix_constant(QX_M22_HADA,3,(qx *)HA3);
qx_matrix_constant(QX_M22_IDEN,  (qx *)IDE1);
qx_matrix_constant(QX_M22_IDEN,3,(qx *)IDE3);
qx_matrix_tensor_product(8,8,2,2,(qx *)M_IDE_2A,(qx
 *)IDE1,  (qx *)M_IDE_2A_IDE);
qx_matrix_tensor_product(8,8,2,2,(qx *)IDE3,(qx
 *)HA,  (qx *)IDE3HA);
qx_matrix_tensor_product(8,8,2,2,(qx *)HA3,(qx
 *)IDE1,  (qx *)HA3IDE);
// now execute Grover
int iteration;
byte xout;
qx phi0[16], phi1[16], phi2[16], phi3[16],
 phi4[16], measured[16];
memset(phi0, 0, sizeof(phi0));
// ww must initialize phi0 with x[3] = 0, y = 1,
// so the significant element is:
phi0[1].a = 1.0;
// first step:
// before the iterazions put |x) in superposition
qx_matrix_mmul(16,16,1,(qx *)HA3IDE, phi0, phi1);
```

```c
// iterations
#define ITERATIONS_3BIT 3
for (iteration = 0; iteration < ITERATIONS_3BIT;
 ++iteration)
{
  // at every iteration put |y) in superposition
  qx_matrix_mmul(16,16,1, (qx *)IDE3HA, phi1,
   phi2);
  // action with Ufunc
  qx_matrix_mmul(16,16,1, (qx *)Ufunc, phi2, phi3);
  // inversion around the mean
  qx_matrix_mmul(16,16,1, (qx *)M_IDE_2A_IDE, phi3,
   phi4);
  // output phi4 for verification ....
  // assign phi1 for next iteration
  // in the real quantum processor we would have a
  // unique vector
  // no assigment can occur inside a quantum
  // processor
  memcpy (phi1, phi4, sizeof(phi1));
}
// measurement of phi4
qx_state_measurement(16, phi4, measured);
// extraction of 3 bits of |x) in output
xout =
  (qx_state_variable_binary_value(16,measured,0)<<2)
  +
  (qx_state_variable_binary_value(16,measured,1)<<1)
  +
  (qx_state_variable_binary_value(16,measured,2)<<0)
  ;
// output result of measurement for verification
// ....
}
```

Si inizializzano Ufunc con la solita tecnica, M_IDE_2A con la procedura vista sopra e tutte le matrici costanti necessarie. Dato l'input x=$|0\rangle$ e y=$|1\rangle$, in phi0 basta valorizzare il secondo elemento con 1. Si eseguono le iterazioni, e ricordiamo che se avessimo un processore quantistico sarebbe modificato il vettore in ingresso, e non avremmo gli oggetti phi0, phi1 ecc., ma gli stati successivi φ_0, φ_1, φ_3, e φ_4 dello stesso unico vettore dei qubit fisici. La copia di phi4 su phi0 non avrebbe nessun senso con lo hardware quantistico, dove non sarebbe eseguibile perché non è un'operazione reversibile.

Infine, si esegue la misurazione e si rileva il valore di x trasformato. Questo ha una certa probabilità di corrispondere a x per cui f(x)=1, cioè al valore cercato.

Ora, questa è la definizione dell'algoritmo, ma perché l'algoritmo dà risultato? Lo dà perché l'effetto dell'azione di Hadamard su $|y\rangle$ e di M_IDE_2A su $|x\rangle$ ripetuta per alcune iterazioni è quello di concentrare la probabilità nelle colonne in cui x corrisponde al valore di f(x)=1, e di assegnare una probabilità molto minore alle altre colonne. Per questa ragione, la misurazione di $|x\rangle$ ha poi un'elevata probabilità di reperire il valore di x corrispondente a f(x). Con 3 bit e x=$|101\rangle$, ovvero 5, i valori di x corrispondenti a f(x)=1 si trovano nelle colonne 5*2 e 5*2+1, ovvero 10 e 11 (ricordiamo che ci sono due colonne: una per y=0, l'altra per y=1). L'azione con la matrice che esegue l'inversione attorno alla media eleva la probabilità per le colonne corrispondenti a f(x)=1, e perché ciò accada è oggetto di dimostrazione che si trova nelle trattazioni più formali dell'algoritmo. A noi basta aver afferrato l'idea di base e compreso la regola per eseguire l'algoritmo, e constatare che nell'esempio con 3 bit e input=$|101\rangle$ abbiamo i seguenti valori:

Colonne:	da 0 a 9	10,x=5,f(x)=1,y=0	11,x=5,f(x)=1,y=1	da 12 a 15
φ_4 dopo 1 iterazione	±0.125	0.625	−0.625	±0.125
φ_4 dopo 2 iterazioni	±0.132583	−0.662913	0.309359	±0.132583
φ_4 dopo 3 iterazioni	±0.015625	0.953125	0.296875	±0.015625

Il segno non ha rilevanza, perché come sappiamo le probabilità vengono elevate al quadrato nella misurazione. Con questi valori, eseguendo la misurazione dopo 3 iterazioni, abbiamo un'elevata probabilità di rilevare xout=5. Ora, eseguendo la funzione una volta sola (*QcNooq* 6.4.E), potrà capitarci di avere xout=5, o no. Eseguendola un certo numero di volte (*QcNooq* 6.4.F), vedremo che la probabilità di leggere il valore 5 è circa 0,997.

E questo è l'algoritmo di Grover, il quale, in questo esempio, trova il valore 5 con sole 3 iterazioni della ricerca anziché le 7 oppure 8 (o 4 in media) necessarie procedendo in sequenza. Che l'algoritmo sia di interesse meramente teorico, è evidente se pensiamo che per creare la matrice U_f dobbiamo avere percorso tutti i valori della funzione di base, e quindi di essa sappiamo tutto: se i valori fossero molti, percorrendola potremmo compilarne un indice per eseguire poi la ricerca binaria per qualsiasi input, e non sarebbe mai conveniente consultare la lista con il metodo di Grover. Notate che la necessità di compilare una tabella dei risultati indicizzata anziché ripetere la funzione potrebbe verificarsi nella realtà: ad esempio, è noto che il problema del percorso ottimale per un commesso viaggiatore richiede calcoli molto complessi e laboriosi. La nostra funzione, anziché essere definita in modo banale e restituire una costante come accade nel nostro esempio, se il problema fosse quello del commesso viaggiatore potrebbe essere la risposta alla domanda: "da quale destinazione mi conviene cominciare il viaggio?", e allora conservare un data base delle soluzioni sarebbe più conveniente che non ripetere il calcolo. Solo che allora l'algoritmo di Grover non avrebbe nulla da offrire rispetto alle tecniche usuali di indicizzazione, anche se esistesse lo hardware quantistico per eseguire le moltiplicazioni.

C'è poi una seconda ragione per cui l'algoritmo di Grover è di interesse meramente teorico, ed è che aumentando il numero dei bit non aumenta il numero delle iterazioni che conviene eseguire (come potrebbe sembrare), ma diminuisce drasticamente la probabilità di trovare il valore corretto. Con valori da 3 a 7 bit il numero ottimale delle iterazioni è sempre 3. Con *QcNooq* (da 6.4.A' in poi) si può provare ad eseguire l'algoritmo con numero di bit da 4 a 7, e si può cambiare il numero delle iterazioni. Osservando <u>phi4</u> si nota, ad esempio, che il valore di probabilità minimo per i valori errati si ha con la terza iterazione, e poi se ne ha un altro con l'undicesima iterazione. Il semplice aumento delle iterazioni non basta a migliorare le probabilità. Ad esempio, con 3 bit la quarta e la quinta interazione sono svantaggiose, perché si ha:

3 BIT	Colonne 0..9	Colonna 10: x=5,f(x)=1,y=0	Colonna 11: x=5,f(x)=1,y=1	Colonne 12..15
φ_4 dopo 1 iterazione	±0.125	0.625	–0.625	±0.125
φ_4 dopo 2 iterazioni	±0.132583	–0.662913	0.309359	±0.132583
φ_4 dopo 3 iterazioni	±0.015625	0.953125	0.296875	±0.015625
φ_4 dopo 4 iterazioni	0.11 o 0.23	0.348029	–0.624243	0.11 o 0.23
φ_4 dopo 5 iterazioni	±0.236328	–0.348029	–0.624243	±0.236328

Come si vede, alla quinta iterazione la probabilità dei valori errati sale da 0,0156 a 0,237, e l'esecuzione ripetuta dell'algoritmo abbassa la frequenza del valore corretto da 0,997 a circa 0,22. Con quattro iterazioni la frequenza del valore corretto è di circa 0,51.

Aumentando i bit e abbiamo la seguente situazione:

4..7 BIT	Colonne < f(x)=1	f(x)=1, y=0	f(x)=1,y=1	Colonne >f(x)=1
4 bit dopo 3 iterazioni	±0.070434	0.921172	0.0511	±0.070434
5 bit dopo 3 iterazioni	±0.082886	0.756714	0.037964	±0.082886
6 bit dopo 3 iterazioni	±0.072668	0.575722	0.05644	±0.072668
7 bit dopo 3 iterazioni	±0.056792	0.422088	–0.050994	±0.056792

A prima vista si potrebbe dire che la probabilità dei valori diversi da x che dà f(x)=1 è sempre piccola, e quella delle colonne per i valori cercati è prevalente. Sì, ma il problema è che le colonne totali sono $2*2^N$, e quindi con 7 bit abbiamo 256 colonne, di cui 254 contengono probabilità dei valori diversi da x con cui f(x)=1. Il risultato è che eseguendo l'algoritmo molte volte con 3 iterazioni, abbiamo le seguenti frequenze del valore corretto di x:

3..7 BIT	Frequenza di x che dà f(x)=1 con 1000 campioni
3 bit dopo 3 iterazioni	0.997
4 bit dopo 3 iterazioni	0.849
5 bit dopo 3 iterazioni	0.57
6 bit dopo 3 iterazioni	0.33
7 bit dopo 3 iterazioni	0.18

e questo proprio sarebbe l'output dello hardware quantistico, perché lo hardware quantistico non è progettato per accorgersi che le frequenze delle due colonne cercate è maggiore, ma solo per estrarre un risultato secondo la probabilità complessiva.

Qualche statistica in più

A questo punto potremmo chiederci: come trovare il valore ottimale del numero di iterazioni? Il numero massimo di iterazioni deve essere minore di 2^N, altrimenti l'algoritmo di Grover non avrebbe nessun vantaggio nemmeno teorico rispetto alla ricerca sequenziale. Questo numero ottimale di iterazioni lo potremmo cercare in via puramente matematica dimostrativa studiando le proprietà dell'inversione attorno alla media, oppure lo potremmo cercare provando a sviluppare phi4 con tutti i valori possibili minori di 2^N, e cercando il numero delle iterazioni per i quali è massima la probabilità complessiva delle due colonne corrispondenti a f(x)=1. Per fare questo, dobbiamo normalizzare il vettore phi4 creato eseguendo l'algoritmo una volta. Il codice (*QcNooq* 6.4.G) chiama una funzione per eseguire Grover con N bit, alla quale viene passato a parametro il vettore su cui costruire phi4 per poterlo poi conoscere e analizzare nella funziona chiamante. La funzione che esegue Grover è questa (le utility per costruire U_f e la matrice di inversione sono ovviamente simili a quelle per 3 bit):

```
void QCF_Grover_Nbit_algorithm(char verbose, int
 num_samples, qx *phi4)
{
char buf[200];
static int total_ok=0, total_ko=0, total;
#define GROVER_N_BIT_VALUE
 (((1<<number_of_bits)/2)+1)
 if ( num_samples < 0 )
 {
   total_ok = total_ko = total = 0; return;
 }
 QCF_Build_Grover_Nbit_func_Uf((qx *)Ufunc_big);
 QCF_Build_Grover_Nbit_average_inversion_matrix((1
  <<number_of_bits), (qx *)M_IDE_2A_big);
 qx HA[2][2];
 qx IDE1[2][2];
 // cannot be in stack:
 static qx HA3[128][128];
 static qx HA4[256][256];
 static qx IDE3[128][128];
 static qx IDE3HA[256][256];
 static qx HA3IDE[256][256];
 static qx M_IDE_2A_IDE[256][256];
 qx_matrix_constant(QX_M22_HADA, (qx *)HA);
```

```
qx_matrix_constant(QX_M22_HADA,1+number_of_bits,(
 qx *)HA4);
qx_matrix_constant(QX_M22_HADA,number_of_bits,(qx
 *)HA3);
qx_matrix_constant(QX_M22_IDEN, (qx *)IDE1);
qx_matrix_constant(QX_M22_IDEN,number_of_bits,(qx
 *)IDE3);
qx_matrix_tensor_product((1<<number_of_bits),(1<<
 number_of_bits),2,2,(qx *)M_IDE_2A_big,(qx
 *)IDE1, (qx *)M_IDE_2A_IDE);
qx_matrix_tensor_product((1<<number_of_bits),(1<<
 number_of_bits),2,2,(qx *)IDE3,(qx *)HA, (qx
 *)IDE3HA);
qx_matrix_tensor_product((1<<number_of_bits),(1<<
 number_of_bits),2,2,(qx *)HA3,(qx *)IDE1, (qx
 *)HA3IDE);
int iteration, g;
byte xout;
qx phi0[256], phi1[256], phi2[256], phi3[256],
 measured[256];
// value to be found
byte classical_fx = GROVER_N_BIT_VALUE;
int sample, local_cnt = 0;
for ( sample = 0; sample < num_samples; ++sample
 )
{
 memset( phi0, 0, sizeof(phi0) );
 // ww must initialize phi0 with x[3] = 0, y = 1,
 // so the significant element is:
 phi0[1].a = 1.0;
 // first step:
 qx_matrix_mmul(2*(1<<number_of_bits),2*(1<<numbe
  r_of_bits),1,(qx *)HA3IDE, phi0, phi1);
 // iterations
 // you can verify what happens with more
 // iteration giving a value != 0 here:
 int optimal_iterations;
 if ( number_of_iterations <= 0 )
 {
 switch ( (1<<number_of_bits) )
 {
  default : optimal_iterations = 0;
  // output "Unknown optimal iteration number";
  return;
  case 4: optimal_iterations = 3; break;
```

```
    case 8: optimal_iterations = 3; break;
    case 16: optimal_iterations = 3; break;
    case 32: optimal_iterations = 3; break;
    case 64: optimal_iterations = 3; break;
    case 128: optimal_iterations = 3; break;
    }
  }
  else optimal_iterations = number_of_iterations;
  for ( iteration = 0; iteration <
   optimal_iterations; ++iteration )
  {
   qx_matrix_mmul(2*(1<<number_of_bits),2*(1<<numb
    er_of_bits),1, (qx *)IDE3HA, phi1, phi2);
   qx_matrix_mmul(2*(1<<number_of_bits),2*(1<<numb
    er_of_bits),1, (qx *)Ufunc_big, phi2, phi3);
   qx_matrix_mmul(2*(1<<number_of_bits),2*(1<<numb
    er_of_bits),1, (qx *)M_IDE_2A_IDE, phi3,
    phi4);
   // assign phi1 for next iteration
   memcpy ( phi1, phi4, sizeof(phi1) );
  }
  qx_state_measurement(2*(1<<number_of_bits),
   phi4, measured);
  for ( xout = 0, g = 0; g < number_of_bits; ++g )
  {
   xout +=
    (qx_state_variable_binary_value(2*(1<<number_o
    f_bits),measured,g)<<((number_of_bits-1)-g));
  }
  if ( xout == classical_fx ) ++total_ok;
  else ++total_ko;
  ++total;
 }
 // the calling function should now analyze phi4
}
```

Il ciclo della ricerca del valore ottimale delle iterazioni è il seguente. Ricordiamo, leggendo il codice, che (1<<number_of_bits) è il modo più naturale di calcolare 2^N (chi usasse la chiamata double pow() per calcolare una potenza di 2 sarebbe ancora molto lontano dalla mentalità necessaria per il quantum computing):

```
int nn;
qx phi4[256];
qx phinormal[256];
int best_case_iterations;
```

```
int col_fx;
double msq;
qx inverse_length, px;
double best_case;
// this and the next are the colums corresponding
// to fx:
col_fx = 2* GROVER_N_BIT_VALUE;
best_case = best_case_iterations = 0;
for (nn = 3; nn < (1<<number_of_bits); ++nn)
{
  // global value read by call of Grover:
  number_of_iterations = nn;
  // once to have phi4
  // now normalize phi
  QCF_Grover_Nbit_algorithm(0,1, phi4); msq =
   qx_vector_moduli_squared_sum(2*(1<<number_of_bit
   s), phi4);
  inverse_length.a = 1/sqrt(msq); inverse_length.b
   = 0;
  qx_vector_smul(2*(1<<number_of_bits),
   inverse_length, phi4, phinormal);
  // probability to get fx = sum of squares of the
  // values of the two fx columns:
  px = qx_add(qx_mul(phi4[col_fx],phi4[col_fx]),
   qx_mul(phi4[col_fx+1],phi4[col_fx+1]));
  if (px.a > best_case)
  {
    best_case = px.a; best_case_iterations = nn;
  }
}
// best_case_iterations found: display ....
```

L'esecuzione di questo algoritmo ci mostra che con 3, 4 e 5 bit il valore ottimale è 3 esecuzioni, con 6 bit è 11, che può costituire un vantaggio dato che i valori da testare con la ricerca sequenziale sono 2^6=64, e con 7 bit è 121, ben poco vantaggioso rispetto ai 2^7=128 valori possibili, e comunque tale che migliora di pochissimo il risultato che si ottiene con 3 iterazioni.

L'algoritmo di Grover è utilizzabile per costruire un data base?

La risposta è ovvia: no. E la ragione non risiede nella complessità dell'algoritmo e nell'approssimazione del risultato, bensì nel fatto che un data base nel quale si volessero fare ricerche con questo algoritmo dovrebbe essere interamente rappresentato non solo nella forma di una matrice U_f, ma in una matrice U_f costruita ad hoc per ogni ricerca.

È noto a tutti coloro che conoscono la tecnica della programmazione che il modo più semplice per consultare un insieme di dati non ordinato è quello di associare ad esso una lista ordinata delle chiavi di ricerca. La tecnica è quella antica degli schedari: supponiamo di avere un milione di cartelle intestate ad altrettante persone, o un milione di libri in una biblioteca. Per poter cercare i fascicoli o i libri per autore dobbiamo compilare un milione di schede che indicano lo scaffale in cui si trova il libro e ordinarle per cognome. Poi, al momento di cercare il libro supponiamo dell'autore Jones, cominceremo dalla scheda che si trova al centro dello schedario, e troveremo un autore che comincia con M. Allora trascureremo tutte le schede successive a M (sicché avremo dimezzato le schede in cui cercare) e andremo alla scheda che si trova a metà tra la A e la M: troveremo un autore che comincia con D. Ora divideremo a metà l'intervallo tra D e M (le schede in cui cercare si ridotte ora a un quarto del totale), e procedendo in questo modo, sempre dimezzando l'intervallo di schede in cui può esserci il dato che cerchiamo, arriveremo alla scheda di Jones avendo eseguito l'operazione al massimo 20 volte. È la tecnica della ricerca binaria: se la lista ha N elementi, poiché a ogni divisione si dividono a metà gli elementi in cui cercare, la ricerca binaria nella lista ordinata richiede un numero di letture pari al massimo al logaritmo in base 2 di N, dopo le quali resta uno solo elemento, che è quello cercato. Quindi, ad esempio, per un data base contenente un milione di elementi, poiché $2^{20} = 1.048.576$, la lista ordinata associata ad esso consente di trovare un elemento con un massimo di venti letture, mentre se per ogni ricerca dovessimo percorrere l'insieme dei dati non ordinato in media dovremmo eseguire mezzo milione di letture, e nel caso peggiore un milione.

Ora, sostenere che l'algoritmo di Grover sia equiparabile a una tecnica di ricerca è già una forzatura metaforica, ma la letteratura sugli algoritmi quantistici fa un'affermazione più impegnativa: essa sostiene che l'algoritmo di Grover è in grado di eseguire una ricerca in un insieme non ordinato senza bisogno di percorrerlo, e questa, più che una forzatura, è una favola dettata dall'illusione. L'algoritmo di Grover trova i dati con la tecnica dell'inversione attorno alla media perché i dati sono interamente rappresentati nella matrice U_f: ma i dati, quale che ne sia l'origine, che può essere naturale (ad esempio, i campionamenti sperimentali di un fenomeno) o antropica e culturale (ad esempio, gli alunni delle scuole di un dato paese) non si incontrano nella forma delle matrici unitarie e invertibili utili agli algoritmi quantistici: i dati si incontrano nelle forme più svariate dell'esperienza, e se si vogliono rappresentare nelle matrici U_f, è indispensabile percorrerli interamente e costruire le matrici corrispondenti. Quindi, l'algoritmo di Grover non è una tecnica miracolosa con la quale trovare un dato in un insieme non ordinato senza bisogno di percorrerlo: potremmo dire che è una sorta di tecnica di indicizzazione, che sotto il profilo dell'utilizzo pratico non ha nessun vantaggio da offrire rispetto alle tecniche di gestione dei data base oggi esistenti e correntemente in uso (e non da quando esistono i computer, ma da quando esistono gli schedari).

Ma attenzione: concedendo all'algoritmo di Grover di essere una specie di tecnica di indicizzazione gli concederemmo ancora troppo. Se abbiamo un data base di un milione di libri, e costruiamo un'unica lista ordinata alfabeticamente, poi possiamo usarla per eseguire la ricerca binaria di qualsiasi autore: Jones, Smith, ecc. L'indice ordinato è sempre lo stesso per tutto il data base. Ma se volessimo cercare Jones con l'algoritmo di Grover, dovremmo costruire la matrice U_{f0} che corrisponde esattamente alla ricerca di Jones, e se volessimo cercare Smith dovremmo costruire la matrice U_{f1} che corrisponde alla ricerca di Smith, e che non è la stessa da usare per Jones. Quindi dovremmo fare i seguenti passi: percorrere il data base non ordinato e trovare Jones; costruire U_{f0} che consente di trovare Jones perché corrisponde alla posizione di Jones; infine eseguire l'algoritmo quantistico di Grover che ci direbbe in via approssimativa ciò che sappiamo già con esattezza perché è il presupposto necessario per eseguire l'algoritmo.

Sembra questo una commedia, ma se il lettore è in dubbio rilegga attentamente la descrizione dell'algoritmo di Grover e si persuaderà che le cose stanno proprio così. L'algoritmo di Grover avrebbe un senso (trascurando gli altri problemi) solo se vi fossero dati che si acquisiscono dalle loro fonti in forma di matrici U_f pronte per l'esecuzione dell'algoritmo: il che è una chimera. L'algoritmo di Grover ha un aspetto di somiglianza con la ricerca in un data base perché le funzioni black box:

bit func(bit vector[N])

devono essere eseguite, nel caso peggiore, per tutti gli argomenti possibili per trovare il valore restituito, così come un data base non ordinato deve essere percorso, nel caso peggiore, per tutti i suoi elementi per trovarne uno. Somiglianza troppo fragile per essere la base della costruzione di una tecnologia utile.

6.5 Algoritmo di Shor

A questo punto, i quattro algoritmi esaminati si sono dimostrati di carattere e interesse puramente teorico, e a chi vuole trovare un buon motivo per l'investimento di tempo o di capitale nel progetto del computer quantistico non resta che sperare che il celebre algoritmo di Shor faccia intravedere la prospettiva di qualcosa di utilizzabile. Cominciamo con una citazione che, data l'autorevolezza del giornale da cui proviene, è una buona espressione dei motivi per cui l'algoritmo di Shor si considera così importante:

In parallelo alla competizione per la costruzione di macchine migliori, è in corso una competizione per lo sviluppo di algoritmi utili che possano essere eseguiti da esse. L'esempio più celebre sinora è probabilmente l'algoritmo di Shor. Si tratta di un insieme di strumenti matematici turbocaricati quantisticamente che consente di fattorizzare rapidamente grandi numeri trovandone i fattori primi, e perciò è il terrore dei crittografia, la cui efficacia dipende dal fatto che la fattorizzazione dei numeri sia una cosa difficoltosa. Ma se il computer quantistico dovrà servire a qualcosa, sarà necessario sviluppare altri algoritmi ... ecc.

There is also, in parallel with this race to build better machines, a race to develop useful quantum algorithms to run on them. The most famous example so far is probably Shor's algorithm. This is the piece of quantum–turbocharged maths that allows rapid factorisation of large numbers into their component primes, and thus scares cryptographers, a group whose trade depends on this being a hard thing to do. But if quantum computers are really to earn their keep, then other algorithms will be needed. Developing them will be assisted by the fact that a lot of the proposed applications (drug design, materials science and so on) themselves depend on quantum processes. This, indeed, is why those applications have been so intractable until now.

The Economist September 28th 2019, p. 75

Visto che l'oggetto è la ricerca dei fattori di un numero, prima di descrivere in dettagli l'algoritmo di Shor, che richiede molta pazienza e attenzione, prendiamo confidenza con un piccolo e semplicissimo algoritmo per la ricerca dei fattori primi di un numero, il quale ci serve ad avere la percezione concreta e corretta della complessità computazionale del problema. Ricordiamo che mentre eseguire la moltiplicazione di due numeri (primi o meno) è un problema semplice, il problema inverso di trovare i fattori di un numero dato è problema di molto maggiore complessità, sia per il cervello umano sia per un computer.

Bisogna eseguire un gran numero di divisioni, anche se per trovare i fattori primi di un numero intero N, non è necessario dividerlo per tutti i numeri interi maggiori di 1 e minori di esso: se N=1000, è immediato e intuitivo che 999 non può essere un fattore di esso, perché non può esistere un altro numero *intero* M tale che M×999=1000. È immediato che il massimo fattore intero di 1000 è 500, perché 500×2=1000, ed è immediato che se il numero N è dispari, allora il massimo fattore intero non può essere maggiore di N/3, perché se vi fosse un fattore intero M maggiore di N/3, allora dovrebbe esserci un altro fattore intero Z tale che Z×M=N: ma questo fattore Z dovrebbe essere un numero intero maggiore di 2 e minore di 3, che ovviamente non esiste. Quindi, per trovare i fattori primi di un numero N, si può eseguire il seguente algoritmo:

- dividere N per 2, se il resto della divisione è zero, aggiungere 2 alla lista dei risultati, assegnare N=N/2 e ricominciare;

- poi dividere N per A, con A che comincia da 3 e si incrementa di 2 in 2 non sino a N, bensì sino al limite superiore N/A, per la ragione detta sopra. Ogni volta che il resto della divisione è zero, aggiungere A alla lista dei risultati, assegnare N=N/A e ricominciare;

- quando A supera N/A l'algoritmo è concluso. Il valore residuo di N è l'ultimo fattore.

L'algoritmo restituisce solo fattori primi, perché la divisione per un numero X non primo non dà mai resto zero, perché in precedenza il resto zero si sarebbe ottenuto dividendo per i fattori primi di X. Cioè, la divisione per 9 (anche se viene tentata inutilmente, perché l'algoritmo non conosce la lista dei numeri primi) non dà mai resto zero, perché il resto zero si sarebbe trovato dividendo per 3 e si sarebbe ricominciato il ciclo. Se il numero N è primo, l'algoritmo non trova nulla e restituisce N come unico fattore. Il numero di divisioni eseguite è pari a circa metà della radice quadrata di N, nel caso peggiore con N primo.

Per provare l'algoritmo con numeri abbastanza grandi, usiamo gli integer a 64 bit in genere disponibili con la dichiarazione "long long" e definiamo questo tipo:

```
typedef unsigned long long unsigned_64_bit;
```

La funzione che può fattorizzare un numero a 64 bit, quindi qualsiasi decimale con 18 cifre (perché 2^{64} è maggiore di 10^{18}), è la seguente:

```
void QCF_Non_Shor_factoring_64_bit()
```

```
{
unsigned_64_bit a, N;
// input N
N = xxxxxxxx;  //some number, max 18 decimal digits
next_test_even:
  a = 2;
  if ( N % a == 0 )
  {
    // output or store a (=2) in the list of factors
    // ...
    N /= a;
    goto next_test_even;
  }
next_test_odd:
  for ( a = 3; a <= (N/(a)); a += 2 )
  {
    if ( N % a == 0 )
    {
      // output or store a in the list of factors
      // ...
      N /= a;
      goto next_test_odd;
    }
  }
  if ( N > 1 )
  {
    // store N in the list of factors. N is
    // the last factor
    // if this is the only result, N is a
    // prime number
    // ...
  }
}
```

Questa funzione sarebbe passibile di ulteriori ottimizzazioni, perché ha ovvie ridondanze, tuttavia il tempo di esecuzione è molto breve perché esegue solo incrementi e divisioni intere. In *QcNooq* 6.5.A potete provare a eseguirla con il numero B= 757.887.406.446.280.110, il quale è il prodotto dei numeri primi: $2 \times 3 \times 5 \times 7 \times 11 \times 13 \times 17 \times 19 \times 23 \times 29 \times 31 \times 37 \times 41 \times 47 \times 53$. Aggiungendo al codice un contatore delle divisioni eseguite, si vede che la fattorizzazione di questo numero richiede 140 divisioni e il tempo di esecuzione è ovviamente impercettibile. Il successivo di B ha tre fattori primi che si trovano eseguendo 184.346 divisioni.

Invece l'intero precedente di B è un numero primo, e lo si accerta con 435.283.645 divisioni intere, per la cui esecuzione una CPU a 2 GHz richiede circa sei secondi (se il programma è scritto in C e compilato con opzione di ottimizzazione per la velocità di esecuzione, e presumibilmente di più con qualsiasi altro linguaggio).

Di passaggio, ricordiamo che i microprocessori degli anni successivi al 1980 avevano frequenze misurate in MHz, non in GHz: quando nacque l'idea del computer quantistico le possibilità offerte dallo hardware esistente erano minime rispetto ad oggi, e questo getta qualche luce sul contesto dell'idea originaria.

L'algoritmo di Shor, come quello di Grover, ha un ciclo esterno che deve essere eseguito dal computer classico che controlla il processo, e un ciclo interno che richiederà molte risorse per essere emulato, e che è destinato ad essere eseguito dal computer quantistico. Per comprendere l'algoritmo è indispensabile prima eseguire il ciclo esterno risolvendo il ciclo interno con una routine classica, poi sostituire il ciclo interno con la componente quantistica dell'algoritmo. L'emulazione priva della componente quantistica si potrà eseguire su un numero a 16 bit (o più grande), mentre l'emulazione completa, emulando letteralmente e completamente la componente quantistica, si potrà eseguire solo su numeri molto più piccoli.

Sono necessarie alcune definizioni preliminari.

▶ Per prima cosa, ricordiamo che per *modulo* si intende il resto di una divisione intera. Nel seguito lo indicheremo con l'abbreviazione Mod oppure con l'operatore corrispondente nel linguaggio C, che è %. Per esempio, il resto della divisione intera 7/2 si ottiene con l'istruzione: int x=7%2, la quale restituisce il resto 1 nella variabile x.

▶ Dato un numero N, 1 e N sono i fattori banali, perché 1×N=N. Gli altri fattori, primi o non primi, sono i fattori non banali. Nel seguito, parlando dei fattori di un numero, daremo per scontato che parliamo dei fattori non banali, e che quelli banali sono privi di interesse.

▶ L'algoritmo di Shor si basa sulla nozione dal *periodo* R di una coppia di numeri A ed N così definito:

• N è un numero intero maggiore di 2. Nel seguito ci interesserà che N sia un intero positivo dispari e non primo, e avente almeno due fattori primi (non banali) diversi tra loro, ma per la definizione del periodo questa condizione ulteriore non è necessaria.

- A è un numero intero compreso tra 2 e N–1, il quale non deve essere un fattore di N e non deve avere fattori che siano fattori anche di N;

- il *periodo* R (funzione di A e N) è il più piccolo intero per il quale vale $A^R \% N = 1$.

Si dimostra che per tutti i valori di A che non contengano e non siano fattori di N esiste un periodo R minore di N.

Prendiamo ora a esempio il numero N=6. Con N=6, A può valere 2,3,4 e 5, ma per quali valori di A e di 6 il periodo è definito? Solo per 5, perché 2, 3 e 4 sono o contengono fattori di 6. Per N=6 e A=5 il periodo è 2, perché $A^R = 5^2 = 25$ e $25 \% N = 25 \% 6 = 1$.

Il periodo ha questa denominazione perché in effetti ad esso corrisponde un andamento periodico: infatti si dimostra che se R è un periodo di (N,A) e quindi $A^R \% N = 1$, allora anche elevando A a qualsiasi multiplo intero di R ed eseguendo il modulo di N si ottiene 1.

Per esempio, consideriamo N=15 e A=2 per i quali il periodo R è 4 (infatti $2^4 = 16$ e $16 \% 15 = 1$). Per i multipli interi di R si ha il seguente andamento:

x	**0**	1	2	3	**4**	5	6	7	**8**
2^x	1	2	4	8	16	32	64	128	256
$2^x \% 15$	**1**	2	4	8	**1**	2	4	8	**1**

x	9	10	11	**12**	13	14	15	**16**
2^x	512	1024	2048	4096	8192	16384	32768	65536
$2^x \% 15$	2	4	8	**1**	2	4	8	**1**

Come si vede nella tabella, A (che vale 2) elevato a 0×R, a 1×R (che vale 4), 2×R, 3×R e 4×R ecc. e diviso per N (che vale 15) dà sempre resto uguale a 1. Se rappresentiamo graficamente l'andamento delle potenze di $2^x \% 15$, ne possiamo vedere intuitivamente l'andamento periodico:

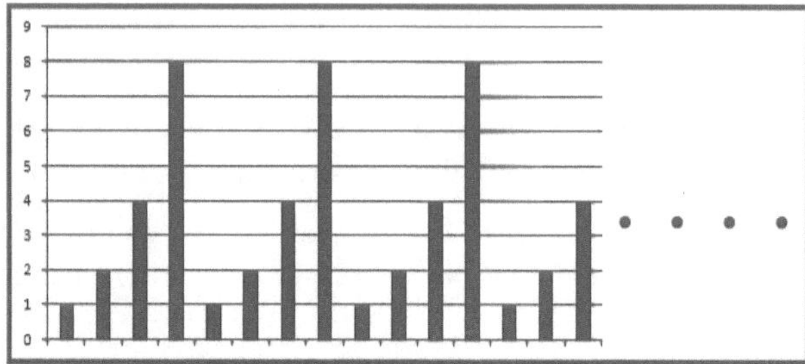

e questo ci consente di anticipare in via generica il principio dell'algoritmo di Shor: esso prima sfrutterà assieme ad $A^x\%N$ un'altra funzione periodica, che è certa funzione trigonometrica, per intercettare i periodi di un numero N, e poi userà le proprietà del periodo per ricavare i fattori di N. Cioè, in maniera molto figurata, possiamo dire che Shor considera l'andamento della funzione $A^x\%N$ vista come un'onda e le sovrappone un'altra onda sinusoidale per intercettare i valori del periodo con un'interferenza tra onde. Questa spiegazione è una semplificazione estrema, ma ci serve ad entrare nell'ordine di idee del seguito.

In *QcNooq* 6.5.C si può eseguire la ricerca e verifica del periodo per piccoli numeri eseguendo interamente i calcoli per $A^x\%N$. Il codice sfrutta l'algoritmo di Euclide per trovare il Massimo Comun Divisore (GCD, Greatest Common Divisor) tra due numeri, che è il seguente:

```
// Euclid's algorithm for Greatest Common Divisor
unsigned short qx_Euclid_GCD_16(unsigned short a,
 unsigned short b)
{
unsigned short r;
  while(b != 0) //repeat until b is reduced to zero
  {
   r = a % b;
   a = b;
   b = r; //swap the role played by a or b
  }
  return a; //... and when b is zero, the GCD is a
}
```

e il codice per la ricerca del periodo è il seguente:

```
void QCF_do_Shor_Period_16()
{
unsigned short N, A, x;
int R;
```

```
double temp;
// assign N
 N = some integer number ...
 for ( A = 2; A < N; ++A )
 {
  R = 0; // flag not found
  for ( x = 0; x < N; ++x )
  {
   temp = pow((double)A,(double)x);
   if (R == 0 &&
    qx_double_equal_enough(fmod(temp,(double)N),
    1.0))
   {
    R = x;
    // display R
   }
  }
  if ( R == 0 ) // no period found for A
  {
   // OK, A is a factor
   if ( qx_Euclid_GCD_16(A,N) != 1 )
   ; // output verification
   else
   ; // output "Software error!";
  }
 }
}
```

La procedura è molto semplice, secondo definizione del periodo:

- si assegna N.

- A percorre i valori da 2 a N–1.

- nel ciclo di A, x percorre i valori da 2 a N–1.

- si esegue la potenza A^x in floating point (tecnica non elegante) e si verifica se la potenza Modulo N dia 1: il floating point è indispensabile perché anche per piccoli numeri le potenze A^x eccedono il range degli integer, e quindi dopo l'elevazione a potenza invece del modulo intero % è necessario usare l'equivalente funzione fmod() in floating point; il risultato è valutato con qx_double_equal_enough() per il solito problema dell'approssimazione.

- se il periodo si è trovato, si mostra il periodo.

- infine, una verifica: se il periodo non si è trovato, si usa l'algoritmo di Euclide per verificare che A è un fattore di N o lo contiene: A non contiene fattori di N se il Massimo Comun Divisore di A e N è uguale a 1. Se questo non fosse verificato, il software conterrebbe un errore.

Mediante questa procedura elementare non si potrebbero cercare il periodo che per piccoli numeri, perché le potenze A^x presto assumerebbero valori eccedenti il range calcolabile anche in floating point. Ma la ricerca del periodo è possibile sfruttando una proprietà dimostrabile dei numeri, per cui:

$$A^x \% N = ((A^{x-1} \% N) \times A) \% N.$$

Questo ci consente di trovare il periodo R senza incorrere nell'overflow. Dobbiamo sfruttare una funzione:

$$qx\_period\_16(A,N)$$

che dobbiamo avere la cautela di chiamare solo per valori di A che non contengano fattori di N. La ricerca si può provare con *QcNooq* 6.5.D, e il ciclo esterno è il seguente, in cui A percorre i valori da 2 a N–1 e si saltano i valori per i quali il Massimo Comun Divisore è diverso da 1:

```
for ( A = 2; A < N; ++A )
{
 // A contains a factor of N
 if ( qx_Euclid_GCD_16(A,N) != 1 )
  {
   ;// output "A= contains factors of N=, no
    // period";
  }
  else
  {
   R = qx_period_16(A,N);
   // output R
  }
}
```

La routine per la ricerca del periodo, per numeri a 16 bit, si implementa così:

```
unsigned short qx_period_16(unsigned short A,
 unsigned short N)
{
unsigned short x;
// can overflow the 16 bit range
unsigned int value;
```

```
  if ( qx_Euclid_GCD_16(A,N)  != 1 )
  {
    ; // output "Application error: Never call
    // qx_period_16() if A is or contains a factor
    // of N"
    // SW error: never call without previous GCD
    // control
    return 0xffff;
  }
  value = 1; // A pow(0)
  // A pow(x) goes into overflow for small values
  // of A
  // so we exploit the property:
  // (A pow (x)) % N = ((A pow(x-1)%N) * A) % N
  for ( x = 0; x < N; ++x )
  {
    // the modulus operation ensures that value is
    // inside the 16 bit range
    value = value % N; // (A pow (x)) % N
    if ( x > 0 && value == 1 )
      return x;
    // here value can overflow the 16 bit range
    value *= A;
    // x will be incremented, so this operation
    // performs (A pow(x-1)%N) * A
  }
  // output "Software error: qx_period_16()
  // must find a period");
  return 0xffff;
  // Software error: according to the theorem
  // we should never get here
}
```

Il ciclo sfrutta la proprietà che abbiamo visto in questo modo:

- la variabile <u>value</u> è inizializzata ad A^0, cioè a 1. Si noti che l'implementazione è per numeri a 16 bit, ma la variabile <u>value</u> è a 32 bit, perché la moltiplicazione value=value*A può eccedere il range dei 16 bit. Il successivo modulo ci riporta poi nel range dei 16 bit.

- x percorre i valori da 0 a N–1.

- <u>value</u> viene sostituito da (value % N). Ciò corrisponde a eseguire $A^x\%N$.

- se x è maggiore di 0 e <u>value</u> è uguale a 1, x è il periodo cercato. Si ritorna x.

- altrimenti <u>value</u> viene moltiplicato per A: poiché x verrà incrementato, ciò corrisponde a eseguire $(A^{x-1}\%N)\times A$.

- si incrementa x e si continua il ciclo.

Poiché per tutti i valori di A che non contengano e non siano fattori di N esiste un periodo R minore di N, se il ciclo sulla variabile x non trovasse un periodo avremmo un errore nell'implementazione del software. Seguiamo passo dopo passo l'algoritmo per i valori A=5 e N=6, per i quali sappiamo che il periodo è 2 (perché $5^2\%6 = 1$):

valore di x	value	value % N	value * A	decisione
0	1	1	5	continua perché x == 0
1	5	5	25	continua perché value % N diverso da 1
2	25	1		x è il periodo R, ritorna x

E con questo abbiamo gli strumenti per calcolare il periodo R in modo classico.

Giunti a questo punto, possiamo sfruttare le proprietà del periodo per risalire non esattamente ai fattori primi, ma ai fattori di un numero usando la parte non quantistica dell'algoritmo di Shor. Precisamente, si ricordi che la parte non quantistica utilizza le proprietà del periodo per trovare dei fattori di un numero (senza essere in grado di dire se si tratta di fattori primi o no), mentre la parte quantistica utilizza un circuito quantistico per trovare i periodi. Quindi, l'implementazione completa dell'algoritmo consiste nell'inserire il circuito quantistico per il reperimento dei periodi dentro il ciclo esterno che usa i periodi. Se lo scopo è quello di comprendere la logica dell'algoritmo, come abbiamo già detto è necessario considerare separatamente il ciclo esterno da quello interno.

Nel ciclo esterno si applicano le seguenti regole:

- scegliere un numero N che sia dispari e abbia almeno due fattori primi diversi tra loro (questa condizione vale per l'implementazione completa dell'algoritmo – eseguendo solo il ciclo esterno non quantistico si può trascurare, si vedrà che l'algoritmo dà i risultati attesi per qualsiasi intero positivo).

- scegliere una valore di A compreso tra 2 e N–1. Generalmente le descrizioni dell'algoritmo suggeriscono di usare un valore casuale di A, ma per verificare l'algoritmo è preferibile percorrere tutti i valori di A, e così faremo nell'implementazione.

- usare l'algoritmo di Euclide per trovare il Massimo Comun Divisore di A e N. Se è diverso da 1, allora si è trovato un fattore di N, che è il Massimo Comun Divisore stesso. Ricordiamo sempre: si trova un fattore, non necessariamente un fattore primo: l'algoritmo non è in grado di distinguere questo.

- altrimenti trovare il periodo R di A e N. Questo potrà essere eseguito con il circuito quantistico, ma nella prima implementazione usiamo il metodo non quantistico qx_period_16().

- se R è dispari scartare A (l'algoritmo non funziona con R dispari, per capirne la ragione sarebbe necessario studiare le dimostrazioni complete date da Shor, quindi accettiamo la regola come data).

- altrimenti usare l'algoritmo di Euclide per calcolare:
$$GCDA = qx\_Euclid\_GCD\_16((A^{R/2}+1),N)$$
e
$$GCDB = qx\_Euclid\_GCD\_16((A^{R/2}-1),N).$$

GCDA e GCDB così calcolati sono sempre fattori di N. Talvolta sono banali (1 o N), mentre talvolta sono non banali e allora possono essere aggiunti alla lista dei fattori trovati.

Il codice è in *QcNooq* 6.5.E e 6.5.F. Si osservi che il codice non è un'emulazione, ma è un'implementazione della parte non quantistica dell'algoritmo, il cui ciclo esterno non è destinato a essere eseguito dallo hardware quantistico. Il codice esegue i passi sopra descritti. Le istruzioni indispensabili per il solo algoritmo sono le seguenti (l'output è omesso):

```
void QCF_Non_Quantum_Shor_16()
{
unsigned short k;
unsigned short A, N, GCDA, GCDB, R;
unsigned short A_pow_R_half;
 N = some 16 bit number ...;
 // step 1: we should avoid prime numbers ...
 // ... if needed use QCF_do_factoring_16_bit
 // to detect if N has at least 2 different prime
 // factors
```

```
  // step 2: randomly choose A, or let us try all
  // the values of A
  for ( A = 2; A < N; ++A )
  {
    // GCDA > 1 contains factors or is a factor
    if ((GCDA=qx_Euclid_GCD_16(A,N)) != 1 )
    {
      ; // output GCDA in factors list
    }
    else // A is a co-prime of N
    {
      R = qx_period_16(A,N); // a period R exists
      if ( R % 2 == 1 ) // if R is odd discard A
      {
        continue; // discard odd periods
      }
      A_pow_R_half = 1;
      // calculate A pow(R/2):
      for ( k = 0; k < (R/2); ++k )
      {
        A_pow_R_half *= A;
      }
      GCDA = qx_Euclid_GCD_16(A_pow_R_half+1,N);
      GCDB = qx_Euclid_GCD_16(A_pow_R_half-1,N);
      char ga_trivial = ( GCDA == 1 || GCDA == N );
      char gb_trivial = ( GCDB == 1 || GCDB == N );
      if ( !ga_trivial || !gb_trivial )
      {
        if ( !ga_trivial )
        {
          ; // output GCDA in result list
        }
        if ( !gb_trivial )
        {
          ; // output GCDB in result list
        }
      }
      else
      {
        ; // output trivial result
      }
    }
  }
}
```

Questo codice è sufficiente per provare il ciclo esterno con numeri piccoli. Ma chi lo controllasse con attenzione, osserverebbe che c'è una forte limitazione: con 16 bit la potenza $A^{R/2}$ andrà facilmente in overflow, per numeri che non siano molto piccoli. Per questa ragione in *QcNooq* ci sono due varianti (non riportate qui):

- QCF_Non_Quantum_Shor_16_overflow_controlled() al punto 6.5.E, che utilizza il floating point per la potenza $A^{R/2}$ ed è la funzione da usare per verificare l'andamento dell'algoritmo con numeri non piccolissimi. Ma la potenza $A^{R/2}$ può andare in overflow anche con la precisione dei numeri double, e in questo caso i valori di A sono scartati.

- QCF_Non_Quantum_Shor_16_overflow_NOT_controlled() che corrisponde al codice qui riprodotto, e nella quale $A^{R/2}$ andrà normalmente in overflow. Tuttavia per curiosità si osservi, provando l'esecuzione di entrambe le routine con numeri di 3 o 4 cifre decimali, che l'algoritmo dà risultati corretti (restituisce fattori di N) anche quando $A^{R/2}$ va in overflow: questa è una conseguenza del fatto che l'algoritmo si basa sulle proprietà del modulo.

Inoltre, l'implementazione effettiva in *QcNooq* per ogni fattore trovato usa la nostra funzione elementare di scomposizione in fattori primi per indicare i fattori primi del fattore reperito da Shor: questa parte è estranea all'algoritmo di Shor, e la inseriamo solo per agevolare l'interpretazione e la verifica dell'output.

Parte quantistica dell'algoritmo di Shor

Shor richiede che il numero N a cui si applica sia dispari e abbia due fattori primi diversi tra loro. Il numero più piccolo a cui Shor si applica è quindi 15, perché i numeri dispari minori di 15 sono tutti primi, tranne 9, che però non ha due fattori primi diversi tra loro.

Si procede in questo modo:

- bisogna potere eseguire $A^M \% N$ con $0 \le A < N$ e con $0 \le M < N$ mediante un circuito quantistico. Dobbiamo quindi costruire una matrice U_f di dimensioni adeguate per poter eseguire:

Step: 0	1	2
$\lvert x\rangle$	[U_f]	$\lvert x\rangle$
$\lvert y\rangle$		$\lvert y^{\wedge}f(x)\rangle = \lvert y^{\wedge}f(A,M,N)\rangle = \lvert y^{\wedge}(A^{M}\%N)\rangle$

dove come sempre $\lvert x\rangle$ e $\lvert y\rangle$ sono vettori e rappresentano tutti i valori possibili dell'input e dell'output. Si osservi che l'output $\lvert y\rangle$ serve a rappresentare un numero la cui dimensione è N, ma $\lvert x\rangle$ deve rappresentare tutte le disposizioni con ripetizione di A e di M, e quindi la dimensione del vettore $\lvert x\rangle$ è il quadrato di quella di $\lvert y\rangle$. Precisamente, per un numero N di cui vogliamo trovare i fattori la dimensione del vettore $\lvert x\rangle$ è d×d e quella di $\lvert y\rangle$ è d, dove d è uguale a N se N è una potenza di 2, altrimenti è la successiva potenza di 2. Quindi, ad esempio, per N=8 si ha d=8, ma per N=9 si ha d=16. Vedremo tra breve perché.

Può darsi che il lettore qui osservi: ma allora anche per numeri molto piccoli avremo a che fare con matrici gigantesche. È attuabile questo algoritmo? Ebbene, il dubbio è lecito, ma lasciamo le considerazioni alla fine del lavoro di implementazione dell'algoritmo di Shor.

- in input serve un vettore $\lvert \varphi\rangle$ sul quale si eseguono le seguenti operazioni:

- la parte $\lvert x\rangle$ viene messa in sovrapposizione con la solita matrice di Hadamard;

- si agisce su tutto $\lvert \varphi\rangle$ con la matrice U_f;

- si agisce su $\lvert x\rangle$ con un operatore che chiameremo QFT e che descriveremo tra breve;

- si esegue la misurazione ricavando uno stato misurato;

- dallo stato misurato si estraggono i valori di A e di M, e ora la componente A×M dello stato misurato ha una elevata probabilità di restituire un multiplo intero di un periodo di N;

- quindi per passare da A×M al periodo di N si esegue un certo algoritmo non quantistico denominato "continued fractions algorithm";

- avendo un periodo si torna all'algoritmo non quantistico esterno e si reperiscono GCDA e GCDB come descritto sopra.

Il "continued fractions algorithm" ha una certa probabilità, ma non la certezza, di restituire un periodo del numero N, e pertanto l'algoritmo deve essere eseguito più volte. Si noti che la possibilità di trovare il periodo dato un suo multiplo esiste perché trattiamo numeri interi: se trattassimo numeri reali non vi sarebbe modo di risolvere l'equazione periodo=A×M/x senza conoscere x.

Quindi lo schema generale della parte quantistica è il seguente:

Step:	0	1	2	3	4
x[d×d]	x=|0[d×d]⟩	[H]$^{\otimes d\times d}$	[U$_f$]	[QFT]	[M]
y[d]	y=|0[d]⟩	[I$_d$]		[I$_d$]	
Output	φ$_0$	φ$_1$	φ$_2$	φ$_3$	

ovvero:

$$([QFT] \otimes [I]_d)\, U_f\, ([H]^{\otimes d\times d} \otimes [I]_d)\, |0[d\times d], 0[d]\rangle$$

o:

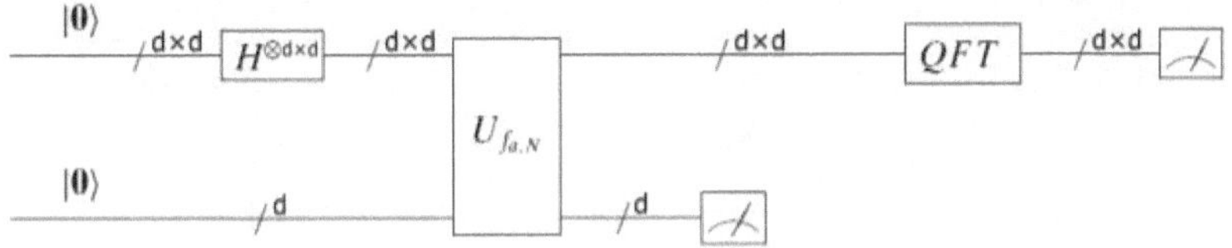

e poi la misurazione è seguita dalla parte non quantistica consistente nel continued fractions algorithm.

Ora implementeremo l'emulazione della parte effettivamente quantistica, e per il resto ci limiteremo a contare la frequenza dei multipli interi dei periodi di N=15, che sono 2 e 4, nelle misurazioni, verificando così che l'algoritmo ha una certa probabilità di restituire i periodi e dunque alcuni fattori di N=15. Non implementeremo il continued fractions algorithm perché sarebbe un puro esercizio di aritmetica: chi volesse implementarlo ne trova la descrizione[1] in letteratura.

La prima cosa da fare ora è costruire la matrice U$_f$ e verificare che mediante essa possiamo eseguire l'operazione A^M%N. Ricordiamo nel seguito che l'input indicato genericamente con |x⟩ corrisponde qui a una coppia di numeri A ed M.

La matrice U$_f$ è una matrice quadrata U$_f$[d×d×d][d×d×d], dove come abbiamo già detto d è pari a N se N è una potenza di 2, altrimenti è la successiva potenza di 2. La ragione si spiega con un esempio. Con N=3 a prima vista si penserebbe di comporre la matrice con d=N=3, quindi U$_f$[3×3×3][3×3×3], in questo modo:

---

[1] Nielsen & Chuang, p. 230.

			A	0	0	0	0	0	0	...	2	2	2
			M	0	0	0	1	1	1	...	2	2	2
A	M	y	f(A,M)^y	0	1	2	0	1	2	...	0	1	2
0	0	0											
0	0	1											
0	0	2											
0	1	0											
0	1	1											
0	1	2											
...	...	...											
2	2	0											
2	2	1											
2	2	2											

Ora, per N=3, A=0, M=0 e y={0,1,2} i valori della funzione sono:

N=3	A	M	y	f(A,M)	f(A,M)^y
binario	00	00	00	01	01
decimale	0	0	0	1	1
binario	00	00	01	01	00
decimale	0	0	1	1	0
binario	00	00	10	01	11
decimale	0	0	2	1	**3**

Il valore di $(A^M\%N)^y$ per y=2 è 3, quindi il risultato per y=2 dovrebbe essere rappresentato mediante il valore 1 nella riga corrispondente ad A=0, M=0 e y=2 e nella colonna 3. Ma i valori di $f(x)^y$ per A=0 e M=0 devono essere rappresentati nelle colonne 0 o 1 o 2, perché le colonne 3, 4 e 5 sono riservate ai valori di $f(x)^y$ per A=0 e M=1. La rappresentazione nella colonna 3 invaderebbe lo spazio riservato ai valori per il successivo M, come si vede considerando le prime righe e colonne della matrice:

			a	0	0	0	0	1	0
			x	0	0	0	0	1	1
a	x	y	f(x)^y	0	1	2	0	1	2
0	0	0			1				
0	0	1		1					
0	0	2					**1**		
0	1	0							
0	1	1							
0	1	2							

dove l'1 grassetto è nella colonna illegale. Le conseguenze sarebbero che la rappresentazione sarebbe ambigua, che la matrice non risulterebbe unitaria, e che per a=N–1 e M=N–1 taluni valori andrebbero nelle colonne di indice $N^3+f(x)^\wedge y$, quando il numero totale delle colonne è N^3. Per questa ragione la matrice deve essere costruita prendendo a base N se N è una potenza di 2, altrimenti la successiva potenza. Quando N è una potenza di 2 l'invasione della colonna non corretta a destra non si verifica, perché il numero N nella rappresentazione binaria contiene un solo 1 iniziale seguito da zeri, e quindi $f(A,M)^\wedge y$ non può dare un valore decimale maggiore di y.

Prevedendo di lavorare con numeri di 4 bit, la costruzione della matrice U_f avviene con queste istruzioni (*QcNooq* 6.5.G).

- Dati su cui lavorare dimensionati come necessario:

```
static qx Ufunc_4_bit[16*16*16*16*16*16];
static qx phi0[16*16*16];
static qx output4_calc_Uf[16*16*16];
```

- Dimensione del vettore necessario per ospitare A, M e y:

```
byte N_ceiling;
// ceiling of 2 pow(log base 2 of N) (so assigned
// for readability - should be calculated)
if ( N <= 2 ) N_ceiling = 2;
else if ( N <= 4 ) N_ceiling = 4;
else if ( N <= 8 ) N_ceiling = 8;
else N_ceiling = 16;
```

- Costruzione della matrice U_f:

```
for ( A = 0; A < N_ceiling; ++A )
{
  for ( M = 0; M < N_ceiling; ++M )
  {
   // calculation of AM%N
   fx = (byte)qx_a_powx_modN_16(A,M,N);
   for ( y = 0; y < N_ceiling; ++y )
   {
    fx_xor_y = fx^y;
    row =
    ((int)A*N_ceiling*N_ceiling+(int)M*N_ceiling+(
    int)y);
    col =
    ((int)A*N_ceiling*N_ceiling+(int)M*N_ceiling+
    (int)fx_xor_y;
    if ( col >= A*N_ceiling*N_ceiling+M*N_ceiling +
    N_ceiling )
```

```
   {
    non_reversible_matrix = 1;
    // check overflow - WARN software error
    if ( col >= N_ceiling*N_ceiling*N_ceiling )
      continue;
   }
   Ufunc_4_bit[row*(N_ceiling*N_ceiling*N_ceiling)
    +col].a = 1.0;
  }
 }
}
```

Notiamo che per calcolare $A^M\%N$ nella costruzione di Uf abbiamo usato la seguente funzione, sfruttando la tecnica che conosciamo per evitare numeri fuori range:

```
extern unsigned short qx_a_powx_modN_16 (unsigned
 short a, unsigned short x, unsigned short N)
{
unsigned short k;
// can overflow the 16 bit range
unsigned int value;
 value = 1;
 // a pow(x) goes into overflow for small
 // values of a
 // so we exploit the property:
 // (a pow (x)) % N = ( (a pow(x-1)%N) * a ) % N
 for ( k = 0; k < x; ++k )
 {
  value = value % N;
  // here it could overflow the 16 bit range
  value *= a;
 }
 return (value % N);
}
```

Prima di usare la matrice per l'emulazione di Shor, verifichiamo che la matrice è costruita correttamente. Per fare questo, prima calcoliamo tutti i valori di $A^M\%N$ utilizzando la funzione qx_period_16():

```
qx display_normal[16];
// type is qx just for display
for ( A = 0; A < N; ++A )
{
 // store periods for every A
 if ( qx_Euclid_GCD_16(A,N) == 1 )
```

```
  a_known_periods[A] = (byte)qx_period_16(A,N);
 else
  a_known_periods[A] = 0;
 // calculation with simple technique for check
 for ( M = 0; M < N; ++M )
 {
  display_normal[M].a = qx_a_powx_modN_16(A,M,N);
   display_normal[M].b = 0;
 }
 // display result in vector display_normal
}
```

Poi calcoliamo tutti i valori di $A^M\%N$ utilizzando la matrice U_f. Ricordiamo che $|y\rangle$ può avere qualsiasi valore nel range ammesso per l'output, quindi a $|y\rangle$ diamo ogni volta un valore diverso, che può essere casuale. Quindi si percorrono i valori ammessi di A e di M, si dà a y un valore casuale (volendo si potrebbe aggiungere un ciclo interno per tutti i valori ammessi di y), e si costruisce φ_0 azzerandolo e assegnando:

```
phi0[((int)A*N_ceiling*N_ceiling+(int)M*N_ceiling+(
 int)y)].a = 1.0;
```

e infine si esegue la moltiplicazione $U_f*\varphi_0$ e si estrae il valore di $(A^M\%N)^{\wedge}y$ dal vettore risultante. I valori di $(A^M\%N)$ si ricavano da:

```
fx = fx_xor_y^y
```

e si accumulano nel vettore destinato al display, che deve esibire un risultato uguale a quello ottenuto con il test precedente. Il codice è:

```
qx display_uf[16]; // type is qx just for display
// this code to calculate periods and
// to display and check Uf :
for ( A = 0; A < N; ++A )
{
 y = qx_random() % N_ceiling;
 // y can have any value
 for ( M = 0; M < N_ceiling; ++M )
 {
  memset(phi0, 0, sizeof(phi0));
  phi0[((int)A*N_ceiling*N_ceiling+(int)M*N_ceilin
   g+(int)y)].a = 1.0;
  qx_matrix_mmul(N_ceiling*N_ceiling*N_ceiling,N_c
   eiling*N_ceiling*N_ceiling,1,(qx
   *)Ufunc_4_bit,phi0,output4_calc_Uf );
  // get the row of output having non zero value
  wz =
```

```
  qx_check_measured_state(N_ceiling*N_ceiling*
  N_ceiling, output4_calc_Uf);
 // get the column with the y values
 fx_xor_y = wz % N_ceiling;
 fx = fx_xor_y^y;
 display_uf[M].a = fx; display_uf[M].b = 0;
 }
 // display result in vector display_uf
}
```

Per consentire la verifica completa, il codice in *QcNooq* 6.5.G esegue alla fine anche il calcolo dei valori di $A^M \% \underline{N\_ceiling}$ (anziché N), cioè per l'intera matrice U_f.

A questo punto, per eseguire completamente la parte quantistica, manca l'operatore QFT. Questo operatore, dove QFT sta per "Quantum Fourier Transform", consiste in una matrice di dimensioni pari alla dimensione dell'input = $|x\rangle$ che come sappiamo contiene tutti i valori ammessi di A e di M. La matrice si chiama matrice di Vandermonde. Essa assegna un valore al coefficiente della parte reale e di quella immaginaria di ogni elemento e, data la dimensione d della matrice, si può costruire assegnando a ogni elemento di indice j, k questi valori:

QFT[j][k].a = $\cos(2 \times \pi \times j \times k)$ / d;

QFT[j][k].b = $\sin(2 \times \pi \times j \times k)$ / d;

Il codice che inizializza la matrice in qx_matrix_constant(), dati a parametro l'indirizzo di base <u>dd</u> della matrice e la dimensione, quindi è:

```
#define QX_C_PIGRECO 3.14159265358979323846
case QX_M22_VANDERMONDE:
 for ( j = 0; j < dimension; ++j )
 {
  for ( k = 0; k < dimension; ++k )
  {
    dd[(j*dimension)+k].a =
     cos((2.0*QX_C_PIGRECO*(double)(j*k))/
     (double)dimension);
    dd[(j*dimension)+k].b =
     sin((2.0*QX_C_PIGRECO*(double)(j*k))/
     (double)dimension);
  }
 }
```

Vediamo ora di raffigurarci cosa accade. Per tenere i piedi per terra, ricordiamo che lo hardware può implementare le matrici U_f perché i bit rappresentati nei qubit del vettore di stato iniziale possono essere posti in stato diverso da quello iniziale mediante certe azioni fisiche. Queste possono essere combinate tra loro in modo da agire fisicamente sul sistema iniziale con probabilità di modificarlo che sono rappresentate dalle corrispondenti matrici U_f, e in questo modo nello hardware avvengono mutamenti dello stato fisico dei componenti che corrispondono all'operazione aritmetica di moltiplicare la matrice U_f per il vettore di stato. Mediante i gate elementari universali è possibile comporre sia la matrice che implementa $A^M\%N$, sia quella corrispondente a Vandermonde. L'algoritmo, come sappiamo dai passi descritti sopra, agisce così:

- prende in input un valore φ di $|x\rangle$ e $|y\rangle$ che può essere $|0\rangle$, ma anche un altro (si potrebbe cercare il valore ottimale);

- crea la sovrapposizione con la matrice di Hadamard;

- agisce sul vettore φ con la matrice che implementa $A^M\%N$;

- agisce sul vettore φ con la matrice di Vandermonde.

Ma la funzione $A^M\%N$ ha un andamento periodico, come sappiamo, e la funzione rappresentata dalla matrice di Vandermonde, essendo una funzione trigonometrica, ha a sua volta un andamento periodico. Se la sviluppiamo Vandermonde per la dimensione 16, e isoliamo solo la parte reale degli elementi, otteniamo:

1	1	1	1	1	1	1	1	1	1	1	1	1	1	1	1
1	0,92	0,7	0,38	0	-0,38	-0,7	-0,92	-1	-0,92	-0,7	-0,38	0	0,38	0,7	0,92
1	0,7	0	-0,7	-1	-0,7	0	0,7	1	0,7	0	-0,7	-1	-0,7	0	0,7
1	0,38	-0,7	-0,92	0	0,92	0,7	-0,38	-1	-0,38	0,7	0,92	0	-0,92	-0,7	0,38
1	0	-1	0	1	0	-1	0	1	0	-1	0	1	0	-1	0
1	-0,38	-0,7	0,92	0	-0,92	0,7	0,38	-1	0,38	0,7	-0,92	0	0,92	-0,7	-0,38
1	-0,7	0	0,7	-1	0,7	0	-0,7	1	-0,7	0	0,7	-1	0,7	0	-0,7
1	-0,92	0,7	-0,38	0	0,38	-0,7	0,92	-1	0,92	-0,7	0,38	0	-0,38	0,7	-0,92
1	-1	1	-1	1	-1	1	-1	1	-1	1	-1	1	-1	1	-1
1	-0,92	0,7	-0,38	0	0,38	-0,7	0,92	-1	0,92	-0,7	0,38	0	-0,38	0,7	-0,92
1	-0,7	0	0,7	-1	0,7	0	-0,7	1	-0,7	0	0,7	-1	0,7	0	-0,7
1	-0,38	-0,7	0,92	0	-0,92	0,7	0,38	-1	0,38	0,7	-0,92	0	0,92	-0,7	-0,38
1	0	-1	0	1	0	-1	0	1	0	-1	0	1	0	-1	0
1	0,38	-0,7	-0,92	0	0,92	0,7	-0,38	-1	-0,38	0,7	0,92	0	-0,92	-0,7	0,38
1	0,7	0	-0,7	-1	-0,7	0	0,7	1	0,7	0	-0,7	-1	-0,7	0	0,7
1	0,92	0,7	0,38	0	-0,38	-0,7	-0,92	-1	-0,92	-0,7	-0,38	0	0,38	0,7	0,92

che ha un evidentemente andamento periodico, come pure lo hanno i coefficienti della parte immaginaria. Ora, dopo l'azione con la matrice di Hadamard, come sappiamo, ogni valore possibile del vettore in output ha la stessa probabilità di essere misurato. Agendo con U_f di $A^M\%N$ e poi con Vandermonde, invece, accade che *si aumenta la probabilità che il valore misurato sia un multiplo di un periodo del numero N*, dal quale poi si può ricavare un fattore di N. Questa è la chiave dell'algoritmo: l'aumento della probabilità di misurare un multiplo di un periodo (direttamente un periodo sarebbe preferibile, ma un algoritmo che ne sia capace non si è trovato).

Quindi, il risultato si ottiene come conseguenza delle proprietà di queste funzioni numeriche ($A^M\%N$ e la trasformazione di Fourier implementata mediante la matrice di Vandermonde), e la dimostrazione rigorosa, eseguita da Shor, si trova come sempre nelle trattazioni complete.

Noi possiamo passare all'emulazione del procedimento, che a questo punto consiste nei soliti passi: inizializzazione del vettore in ingresso, costruzione delle matrici costanti necessarie, moltiplicazioni e misurazione.

Per N=15, sappiamo che la dimensione di base a cui dobbiamo fare riferimento è16, e quindi abbiamo bisogno delle matrici:

```
qx phi0[16*16*16]; // input φ0
qx Ufunc_4_bit[16*16*16*16*16*16]; // for AM%N
qx UQTFN[16*16*16*16]; // Vandermonde for |x> = A,M
qx HADAN[16*16*16*16]; // Hadamard for |x> = A,M
qx IDEN [16*16]; // Identity for |y>
qx UQTFIDE[16*16*16*16*16*16]; // Vandermonde
                               // tensor Identity
qx HADAIDE[16*16*16*16*16*16]; // Hadamard tensor
                               // Identity
qx phi1[16*16*16]; // φ1
qx phi2[16*16*16]; // φ2
qx phi3[16*16*16]; // φ3
qx measured[16*16*16]; // measured φ
```

U_f viene inizializzata con il codice visto sopra per verificare U_f. il vettore φ0 prende i valori $|x\rangle=|0\rangle$ e $|y\rangle=|0\rangle$, e quindi:

```
memset(phi0, 0, sizeof(phi0));
// if index==0 then |x>=|0>,|y>=|0>,
phi0[0].a = 1.0;
```

Le altre matrici necessarie sono costruite con la funzione di inizializzazione delle matrici costanti, la quale per nostra convenzione richiede come parametro il logaritmo in base 2 della dimensione, e quindi abbiamo:

```
hdva_size_log = 8; iden_size_log = 4;
```

```
qx_matrix_constant(QX_M22_VANDERMONDE,hdva_size_log
 ,UQTFN);
qx_matrix_constant(QX_M22_HADA,hdva_size_log,HADAN)
 ;
qx_matrix_constant(QX_M22_IDEN,iden_size_log,IDEN);
```

Le matrici complessive si costruiscono con il prodotto tensoriale:

```
qx_matrix_tensor_product(N_ceiling*N_ceiling,N_ceil
 ing*N_ceiling,N_ceiling,N_ceiling, HADAN, IDEN,
 HADAIDE );
qx_matrix_tensor_product(N_ceiling*N_ceiling,N_ceil
 ing*N_ceiling,N_ceiling,N_ceiling, UQTFN, IDEN,
 UQTFIDE );
```

e a questo punto abbiamo tutti gli elementi per eseguire:

$$([QFT] \otimes [I]_d)\, U_f\, ([H]^{\otimes d \times d} \otimes [I]_d)\, |0[d \times d], 0[d]\rangle$$

che è implementato da:

```
qx_matrix_mmul(N_ceiling*N_ceiling*N_ceiling,N_ceil
 ing*N_ceiling*N_ceiling,1,(qx *)HADAIDE,phi0,phi1
 );
qx_matrix_mmul(N_ceiling*N_ceiling*N_ceiling,N_ceil
 ing*N_ceiling*N_ceiling,1,(qx
 *)Ufunc_4_bit,phi1,phi2 );
qx_matrix_mmul(N_ceiling*N_ceiling*N_ceiling,N_ceil
 ing*N_ceiling*N_ceiling,1,(qx *)UQTFIDE,phi2,phi3
 );
```

Adesso possiamo eseguire la misurazione ed estrarre il risultato. Questa operazione si può ripetere molte volte misurando phi3 e portando il risultato in measured, perché siamo in emulazione (ricordiamo invece che con lo hardware reale potremmo misurare una volta sola, e poi dovremmo ripetere la procedure dall'inizio). Dal vettore misurato possiamo estrarre i valori di A e di M:

```
byte N_ceiling, A, M, y;
unsigned int AMy;
qx_state_measurement(N_ceiling*N_ceiling*N_ceiling,
 phi3,measured );
AMy =
 qx_check_measured_state(N_ceiling*N_ceiling*N_ceil
 ing, measured);
A = AMy/(N_ceiling*N_ceiling);
M = (AMy/(N_ceiling))%N_ceiling;
AM = A*M;
```

Ora consideriamo il prodotto A×M ricordando che i periodi di 15 sono 4 e 2. Se eseguiamo la misurazione un certo numero di volte (ad esempio, mille), vedremo che la frequenza con cui estraiamo un multiplo di 4 è maggiore del risultato atteso nel caso in cui eseguissimo la semplice sovrapposizione con Hadamard. Dovremmo quindi fissare il numero di misurazioni voluto ed eseguire:

```
for ( measurement_no = 0; measurement_no <
 number_of_loops; ++measurement_no )
{
  qx_state_measurement(N_ceiling*N_ceiling*N_ceilin
   g,phi3,measured );
  AMy =
   qx_check_measured_state(N_ceiling*N_ceiling*N_ce
   iling, measured);
  A = AMy/(N_ceiling*N_ceiling);
  M = (AMy/(N_ceiling))%N_ceiling;
  AM = A*M;
  ++A_M_occurrencies[AM];
  // count periods of N=15
  if ( (AM) % 4 == 0 ) ++A_M_multiples_of_4;
  else if ( (AM) % 2 == 0 ) ++A_M_multiples_of_2;
  else ++A_M_not_useful;
}
```

e poi valutare la frequenza dei multipli del periodo 4 nel contatore A_M_multiples_of_4.

A questo punto potremmo eseguire la procedura corrispondente al continued fractions algorithm per ricavare il periodo 4 dai suoi multipli, e poi inserirci nel ciclo esterno per ricavare i fattori di N, ma questo costituirebbe un semplice esercizio di aritmetica senza alcuna relazione con l'informatica quantistica.

Commento all'algoritmo di Shor

Che l'algoritmo di Shor non possa avere alcun uso pratico, è ovvio: lo hardware quantistico non è capace di calcolare $A^x\%N$, e pertanto bisogna fornirgli in forma di matrici U_f tutti i valori di $A^x\%N$ per $0 \leq A < N$ e $0 \leq x < N$. L'algoritmo elementare che abbiamo visto inizialmente trova i fattori primi di N con un numero di divisioni intere pari al massimo a metà di $\sqrt{N}$ e senza bisogno di alcuna matrice di appoggio, mentre qui dovremmo eseguire una certa operazione (più pesante di una divisione) per un numero di volte pari a N^2, e compilare una matrice di dimensioni gigantesche. Con questo avremmo fatto solo una parte del lavoro: poi con tecniche complesse arriveremmo a ottenere in maniera approssimativa dei fattori del numero N, e in questo la parte quantistica dell'algoritmo sarebbe vantaggiosa solo perché eseguirebbe con una sola azione ciascuna delle tre moltiplicazioni dell'espressione:

$$([QFT] \otimes [I]_d)\, U_f\, ([H]^{\otimes d \times d} \otimes [I]_d)\, |0[d \times d], 0[d]\rangle.$$

il cui setup sarebbe costato un lavoro non gestibile nella realtà. L'algoritmo quindi ha valore di prototipo teorico e niente di più (e non serve aggiungere che mentre calcoliamo $A^x \% N$ di tanto in tanto incontreremmo il risultato=1, e così sapremmo che il valore corrente di x è un periodo senza bisogno della componente quantistica).

L'osservazione più rilevante però non è questa, ma è che nonostante tutta la sua complessità l'algoritmo di Shor non rivela alcuna potenzialità del computer quantistico come macchina programmabile capace di risolvere una generalità di problemi. Gli algoritmi più semplici rispetto a Shor sono capaci unicamente di estrarre, con approssimazioni, quanto è stato calcolato in precedenza nelle matrici U_f, e la differenza dell'algoritmo di Shor rispetto agli altri è soltanto che esso sfrutta certe proprietà specifiche dello hardware per trovare i valori numerici di una precisa funzione, risultante dalla moltiplicazione successiva della matrice di $A^x \% N$ e di quella di Vandermonde che implementa la trasformazione di Fourier. La situazione è simile a quella di uno che caricasse un cannone e regolasse l'alzo, e poi dopo aver sparato andasse a vedere dove è caduta la granata e asserisse di avere calcolato un valore numerico della funzione che descrive la traiettoria di un proiettile: in un certo senso l'asserzione è vera, ma poi, a parte l'obiezione che per preparare il tiro servono le tabelle di tiro nelle quali è già data la soluzione al problema cercato, cosa risponderebbe l'artigliere se gli chiedessimo quale altra funzione potremmo trattare oltre a quella della balistica di un cannone? Non ci sarebbe risposta, così come, a questo punto, non abbiamo alcuna idea dell'uso che potremmo fare del computer quantistico, anche in rapporto a problemi molto semplici e brillantemente risolti dal computer "classico" che siamo abituati ad usare.

Notiamo infine che l'algoritmo di Shor, come somiglia all'algoritmo implementato con lo sparo del cannone, somiglia a quello di Simon che abbiamo visto sopra: entrambi usano le funzioni d'onda dei fenomeni quantistici per far cadere una specie di proiettile in modo da rivelare, molto approssimativamente, una periodicità, senza indicarci alcuna via d'uscita per un utilizzo efficace dello strumento come calcolatore generico.

7. Prospettive del computer quantistico

7.1 Algoritmi utili e stato dell'arte

Con ogni probabilità, giunto a questo punto il lettore si ritrova profondamente disorientato e deluso rispetto alle aspettative che riponeva nella materia. Una volta compresane la struttura, gli algoritmi quantistici sembrano essere al più esercizi interessanti per il matematico che studia le proprietà di certe funzioni numeriche, ma nulla che abbia a che fare con la tecnologia informatica. Essi non sono in grado di fare altro che restituire, per di più approssimativamente, alcune informazioni che il setup necessario per l'esecuzione deve trovare con i mezzi classici prima di cominciare ad eseguire gli algoritmi, e tutta l'operazione attorno al computer quantistico appare qualcosa di disperatamente insensato, perché le operazioni necessarie a eseguire l'algoritmo impiegano risorse di calcolo mostruose per trovare con mezzi ridondanti la soluzione di problemi minuscoli, che l'algoritmo quantistico non farà altro che ripetere. Abbiamo esaminato in profondità tre algoritmi (Deutsch, DJ e Grover) che sono in grado ripetere come pappagalli, e con approssimazione, ciò che risulta già con esattezza dal setup necessario ad eseguirli, e due algoritmi (Simon e Shor) che con immensi sforzi e dopo un lavoro di setup gigantesco riescono a eseguire una parvenza di calcolo approssimato sfruttando certe interferenze d'onda, senza perciò indicare alcuna metodologia utile per utilizzare lo hardware quantistico come calcolatore di uso generale.

È per questa ragione che abbiamo indicato nell'introduzione di questo libro le fonti più rigorose a cui fare riferimento per approfondire la materia. Se il progetto del computer quantistico vi sta a cuore, e se quello che ne sapete ora è una delusione che vi spinge al dubbio, prendete in considerazione la possibilità che questo libro sia in errore, usate quello che avete appreso leggendo questo libro per studiare la materia con maggiore rigore partendo dai testi indicati, e infine giudicate con la vostra intelligenza se vi sia qualche possibilità di uso del computer quantistico, o se il progetto non sia ciò che appare dato quello che sappiamo ora degli algoritmi, e cioè il risultato di un salto semplicistico e immaginario dai principi teorici della meccanica quantistica a quelli presunti di una tecnologia.

Ma ora, prima di discutere le conclusioni obbligate dato il punto di vista di questo libro, facciamo una piccola precisazione sui:

7.2 Linguaggi di programmazione quantistici

Con tutto ciò che abbiamo visto, è facile comprendere che si possano disegnare linguaggi di programmazione quantistici con i quali esprimere le operazioni fattibili. Vi saranno quattro classi fondamentali di istruzioni:

1. Istruzioni per il computer classico che controlla le chiamate al processore quantistico nei cicli esterni, in algoritmi come Grover e Shor; qui non vi sarà nulla di diverso da qualsiasi linguaggio di programmazione.

2. Istruzioni per l'inizializzazione di vettori di qubit.

3. Istruzioni per agire su vettori di qubit mediante matrici. Per questo sarà necessario comporre le matrici, e a questo riguardo teniamo conto di quanto abbiamo accennato sopra, nel paragrafo 5.3: è dimostrato che esistono set di gate di base (corrispondenti ad azioni fisiche che lo hardware può eseguire) che consentono la composizione di configurazioni equivalenti a qualsiasi matrice unitaria, come ad esempio:

$$\{\text{Hadamard, } R_\theta, I_n, \text{ controlled–NOT}\}.$$

L'implementazione di un linguaggio si baserà su questo o un altro set universale e ne consentirà l'applicazione, mediante istruzioni che consentono di invocare i gate universali.

4. Istruzioni per la misurazione.

Di questi punti, il terzo racchiude un nuovo problema enorme, che forse si è affacciato da sé alla mente del lettore: lo sviluppo di una matrice per rappresentare una funzione U_f in via teorica è sempre fattibile mediante un software piuttosto semplice, che applicherà la definizione del problema da risolvere, e sarà ostacolata solo dalle dimensioni immense che raggiungono i dati; ma una volta che abbiamo sviluppato una matrice di dimensioni considerevoli per rappresentare una funzione U_f qualsiasi, per implementarla nello hardware quantistico dobbiamo rappresentarla con il set dei gate che abbiamo a disposizione, corrispondenti alle azioni fisiche implementabili, e questo non è un problema di soluzione banale. Di fatto, solo per matrici molto piccole esistono a oggi regole deterministiche e univoche per la conversione nei gate del set universale disponibile, mentre per matrici di dimensione più considerevole si apre un nuovo problema di elevata complessità, del quale sarebbe necessario cercare la soluzione. Ma dato il problema a monte rappresentato dalla dimensione delle matrici in se stesse, probabilmente non sarà mai necessario occuparsi di questo problema derivato.

E con questo riguardo ai linguaggi non diciamo altro: il lettore che ne abbia il desiderio può facilmente documentarsi riguardo ai linguaggi che sono stati implementati, senza incontrare alcun ostacolo alla loro comprensione, e potrebbe anche definire un linguaggio quantistico, implementarlo con le librerie di base di *QcNooq* e verificare la correttezza dell'implementazione con gli algoritmi quantistici discussi nel capitolo precedente. Resta da stabilire che uso si possa mai fare di questi linguaggi.

7.3 Piccola storia del progetto del computer quantistico

Per quanto riguarda invece lo stato dell'arte riguardo agli algoritmi quantistici e alla loro applicazione, il quadro è sconcertante: gli algoritmi quantistici sembrano il risultato di un arrampicarsi sugli specchi per fingere che uno strumento hardware che non ha le caratteristiche di un calcolatore possa essere considerato tale, ingannando se stessi grazie al compiacimento per la grande complessità strutturale degli algoritmi stessi e della fisica sottostante. Non è facile accettare l'idea che il presente clima di euforia attorno al computer quantistico, e gli investimenti milionari che si stanno facendo (nell'anno 2020 un miliardo di dollari, si legge su giornali e pagine web specializzate), siano incentrati sul tentativo di costruire una macchina che, una volta costruita e funzionante, e di qualsiasi dimensione, quindi dotata di mille o un milione o un miliardo di qubit efficienti, non servirebbe ad altro che a dare risposte superficialmente tautologiche rispetto all'input. Eppure, i lettori di questo libro potevano avere sentore che i conti non quadravano fino da quando scoprirono, nel paragrafo 4.4, che servono non 8 ma $2^8 = 256$ numeri complessi per emulare un qubyte: ciò bastava a prospettare un'esplosione combinatoria non gestibile, che trova poi piena conferma nella realtà degli algoritmi quantistici.

Per mettere bene a fuoco lo handicap fondamentale, ricordiamo che per trattare due bit occorre sviluppare la tabella dei quattro casi possibili, e che per studiare il comportamento di N bit occorrono 2^N

numeri. Quindi per analizzare un problema che coinvolge 32 bit occorrono vettori di dimensione 2^{32}, cioè 4.294.967.296, e matrici quadrate che arrivano a 2^{2N}. Questo indubbiamente è inevitabile, tuttavia riguarda lo studio, la progettazione e l'emulazione degli algoritmi quantistici, non il funzionamento dello hardware in se stesso: nello hardware quantistico ci sarebbero 32 qubit per rappresentare 32 bit, niente più che questo. Quindi ora potrebbe venirci in mente che se in qualche modo si potesse saltare direttamente alla composizione dei gate quantistici, senza sviluppare le tabelle delle matrici U_f e delle altre trasformazioni, il problema dell'esplosione combinatoria cesserebbe di esistere. Di questo riparleremo tra breve.

Ma se l'esplosione combinatoria è il primo fattore di cui ci si rende conto, poi, studiando gli algoritmi, abbiamo visto bene il secondo: come sappiamo, il computer quantistico non può né copiare una variabile, né eseguire un test su due variabili e saltare a un'altra locazione di programma, e in assenza di queste due condizioni non può lavorare similmente a un calcolatore classico, o a una macchina di Turing. In realtà in qualche modo lo potrebbe fare, perché introducendo le ridondanze necessarie si possono realizzare versioni reversibili di tutti i gate logici: solo che se prendessimo questa strada avremmo poi una replica quantistica della macchina di Turing, avremmo di nuovo un calcolatore che lavorerebbe scomponendo i problemi in unità di minime di informazione e li tratterebbe in sequenza, e bisognerebbe dimostrare che una simile tecnologia quantistica piena di ridondanze per realizzare un calcolatore che lavora in sequenza sarebbe vantaggiosa rispetto all'elettronica usata sinora. L'idea originaria di eseguire calcoli in parallelo sfruttando le caratteristiche peculiari dei fenomeni quantistici verrebbe completamente perduta di vista. Ma le intenzioni iniziali erano completamente diverse: il computer quantistico avrebbe dovuto lavorare in parallelo grazie all'entanglement e alla sovrapposizione, che sono la caratteristica dello hardware quantistico. Solo che per quanto ne sappiamo ora, non esiste nessun metodo per servirsene davvero come principio di un modo alternativo di eseguire calcoli: entanglement e sovrapposizione sono fenomeni fisici eseguendo i quali si possono ricavare certi valori delle funzioni che li descrivono per dati argomenti, e questo è ciò che avviene dentro gli algoritmi di Simon e Shor, che al massimo somigliano un poco a un regolo calcolatore, il quale accostando due scale logaritmiche consente la lettura immediata del risultato di infinite moltiplicazioni e divisioni, e quindi in un certo senso realizza una sovrapposizione (e che però è uno hardware molto efficiente). Gli altri algoritmi che abbiamo studiato si limitano a costruire un gate quantistico dedicato al problema, e con una certa ironia ne ricavano risultati approssimati quando un gate realizzato con l'elettronica comune ricaverebbe risultati esatti.

Tutto l'affare sembra un immenso equivoco, ma le cose stanno come le abbiamo descritte, e chi riesce a vedere il problema nell'insieme lo sa lucidamente, mentre probabilmente gli specialisti che hanno conoscenze limitate ad aspetti particolari della questione, connessi con la fisica dello hardware o con l'algebra lineare, sono consapevoli del problema, ma restano invischiati in un pensiero confuso riguardo all'insieme. Comunque, sembra un mistero che si possano investire tante energie sulla costruzione di una macchina il cui progetto teorico è così deludente: e perciò dobbiamo provare a farci un'idea del modo in cui gli specialisti che hanno una visione d'insieme del problema vedono la questione.

I testi fondamentali da cui abbiamo tratto le informazioni necessarie per mettere insieme questo libro in qualche angolo della trattazione esprimono questo stato delle cose con una certa sincerità, anche se in modo incidentale e senza insistere troppo. Il libro di Yanofsky e Mannucci viene in argomento nel corso di un capitolo (il settimo) in cui, dopo avere descritto i cinque algoritmi nello stesso ordine seguito da noi, discute con qualche dettaglio della struttura dei linguaggi di programmazione quantistici, ed è qui che i lettori si imbattono come per caso in questa osservazione (a pagina 233):

The trick described earlier has two main costs:

■ The reversibilization operation we performed by hand requires explicit calculations of f on all the input values, and the table grows exponentially in the size of the input. That is, of course, unacceptable because such a preprocessing would erode all the benefits of quantum speedup (not to mention the unpleasant fact that to carry out simple arithmetical operations via U_f, we must already compute all f's values!).

■ The extra qubits one needs to allocate. As it stands, it could create a big quantum memory issue, in case we needed to carry out several operations in a row.

La sintesi è chiarissima e corrisponde esattamente alle conclusioni a cui si giunge studiando gli algoritmi: da una parte la memoria necessaria per il setup di un algoritmo utile non è gestibile, dall'altra il lavoro di setup anteriore all'algoritmo esegue già per conto suo il calcolo dell'output. L'assurdità della situazione, e l'imbarazzo, si esprimono nel fatto che questa è un'osservazione unica e marginale nel libro: si noti che ciò che è designato come "the trick described earlier" altro non è che la tecnica fondamentale di costruzione delle matrici reversibili U_f: il tentativo di sdrammatizzare il problema attraverso l'espediente retorico dell'understatement che allude a un aspetto fondamentale qualificandolo come "trick" accessorio è ovvio. Ma ai lettori che hanno seguito attentamente lo sviluppo del libro viene solo confermato ciò che essi hanno capito da sé, e cioè che il setup di un software quantistico richiederebbe l'appoggio di un calcolatore classico con dimensioni fuori della realtà, per non servire poi a nulla. Segue un accenno a tecniche con cui si potrebbero rendere un po' meno drammatici i due problemi, non senza l'uso di un registro ironico che è un'altra una foglia di fico a fronte dell'imbarazzo per la situazione, caratterizzata con l'inciso: "A bit cumbersome, isn't it?" (p. 234). Insomma, il libro di Yanofsky e Mannucci sa benissimo che non abbiamo in mano nulla, e con questo sprazzo di sincerità se non altro conferma il dubbio del lettore, che altrimenti potrebbe pensare di non avere penetrato la materia a causa dei propri limiti di intelligenza e di conoscenza dei prerequisiti, come spesso accade. Ma aldilà di questo non vi si trova nessun lume sul problema.

Il libro di Nielsen e Chuang invece viene in argomento nelle primissime pagine introduttive, e dopo aver presentato gli algoritmi di Shor e di Grover come due esempi di successo, osserva a pagina 7:

What other problems can quantum computers solve more quickly than classical computers? The short answer is that we don't know. Coming up with good quantum algorithms seems to be hard. A pessimist might think that's because there's nothing quantum computers are good for other than the applications already discovered! We take a different view. Algorithm design for quantum computers is hard because designers face two difficult problems not faced in the construction of algorithms for classical computers. First, our human intuition is rooted in the classical world. If we use that intuition as an aid to the construction of algorithms, then the algorithmic ideas we come up with will be classical ideas. To design good quantum algorithms one must 'turn off' one's classical intuition for at least part of the design process, using truly quantum effects to achieve the desired algorithmic end. Second, to be truly interesting it is not enough to design an algorithm that is merely quantum mechanical. The algorithm

> must be *better* than any existing classical algorithm! Thus, it is possible that one may find an algorithm which makes use of truly quantum aspects of quantum mechanics, that is nevertheless not of widespread interest because classical algorithms with comparable performance characteristics exist. The combination of these two problems makes the construction of new quantum algorithms a challenging problem for the future.

Qui l'argomentazione a prima vista sembra vicina alla psicologia di Issione, ingannato da Giove, che tentava di abbracciare una nuvola credendola la donna di cui era innamorato. L'argomentazione degli autori è: abbiamo concepito una macchina dal potenziale immenso, senza ancora riuscire a realizzarla, tuttavia abbiamo definito con esattezza il comportamento della macchina teorica equivalente; se non riusciamo a trovare il modo di usarla, è perché le nostre menti sono ancora radicate in abitudini antiche, "classiche"; quando ce ne saremo liberati, sapremo anche progettare degli algoritmi veramente quantistici per computer quantistici. Tuttavia (aggiungiamo noi), miracolosamente siamo riusciti a progettare la macchina. Non è chiaro dunque perché le menti emancipate che hanno saputo progettare la macchina non dovrebbero anche essere in grado di pensare a cosa essa possa servire: ma probabilmente, nel pensiero degli autori, l'emancipazione della mente dalle prospettive "classiche" è un processo graduale. Si noti, in dettaglio, che nell'espressione "what other problems" la parola "other" implica che secondo gli autori gli algoritmi di Grover e Shor sono soluzioni valide dei problemi a cui si riferiscono: affermazione inaccettabile per chiunque si sia documentato appieno sulla struttura dei due algoritmi, ma ottima testimonianza della forza dell'illusione in contesto come questo. La confusione alla radice di tutto risiede nell'atteggiamento a cui si perviene dopo avere investito tempo ed energie in una questione come, ad esempio, la dimostrazione rigorosa delle proprietà dei numeri che consentono l'algoritmo di Shor. Uno allora ragiona: il lavoro così pesante che si è fatto dal punto di vista strettamente matematico è un successo. Poi generalizza: è tutto un successo. La fatica necessaria per padroneggiare una materia così complessa è sufficiente per fare perdere di vista ogni altra considerazione, e di conseguenza accade che il fallimento totale del tentativo di trovare un qualche algoritmo quantistico utile, pur essendo sotto gli occhi di tutti, si perde sotto la coltre di nebbia che nasce principalmente dal fatto di non distinguere nettamente il software dallo hardware, e di mescolare continuamente le caratteristiche logiche degli algoritmi quantistici con le caratteristiche fisiche dello hardware che dovrebbe implementarli, e con le aspettative riposte a priori nello harware. L'informatica classica, ovvero quella che da decenni ha registrato successi immensi, si basa invece sulla distinzione rigorosa del piano del software da quello dello hardware.

Questo è un commento molto severo, ma insoddisfacente perché non ci spiega seriamente come si è giunti a questa situazione: per precisare il contesto del brano di Nielsen e Chuang è necessaria un po' di storia. L'idea di fondo, come sappiamo, è quella di sfruttare i fenomeni dell'entanglement e della sovrapposizione per eseguire in parallelo e idealmente con un solo ciclo della macchina calcoli che la macchina di Turing deve eseguire in sequenza e con cicli ripetuti. Esistono importanti problemi scientifici e tecnici che un computer basato sulla macchina di Turing non può eseguire deterministicamente perché sarebbe necessario esplorare tutte le permutazioni possibili degli elementi in gioco, e i tempi di elaborazione si espanderebbero sino a durare secoli, millenni o ere geologiche. A questa classe di problemi appartengono problemi di logistica e di ottimizzazione, come ad esempio il calcolo degli orari scolastici o la progettazione delle strutture di molecole complesse. Questi problemi talvolta hanno soluzione mediante tecniche di ricerca non completamente deterministiche che introducono elementi casuali, e talvolta, a oggi, non hanno soluzione tecnica, nel senso che non esistono software efficienti per risolverli. Talvolta esiste la possibilità di scomporre il problema in parti e affidare a processi separati la ricerca della soluzione di ciascuna parte, ma altre volte i problemi da affrontare sono di natura tale che ogni modifica di un elemento del sistema da analizzare può avere conseguenze sullo stato di altri elementi localizzati ovunque nell'intero sistema, e quindi non si può avere l'economia di tempo consentita dall'elaborazione in parallelo, perché la ricerca deve avvenire in un'unica sequenza gestita da un unico processo: e allora la soluzione può essere introvabile a causa della durata del processo di elaborazione.

Ora, l'entanglement che si sperimenta nei fenomeni subatomici degli esperimenti quantistici è una forte correlazione tra N qubit di un sistema che poi ha la conseguenza che l'operazione di misura, pur restituendo un solo bit, dà informazioni sul complesso del sistema. Quanto alla sovrapposizione, noi sappiamo che essa consiste nel fatto che agendo su qubit che rappresentano un dato stato iniziale con informazioni binarie si determinano certe probabilità di rilevarli in uno diverso stato dopo la misurazione, ma per ragioni metodologiche la fisica quantistica considera gli stati probabili non ancora misurati come se avessero ciascuno una realtà potenziale che coesiste accanto alle realtà potenziali degli altri. Così dal fatto che un qubit può trovarsi in un continuum di stati possibili espressi dalle ampiezze complesse deriva la consueta espressione fuorviante, che si legge in tutti gli articoli di giornale, per cui un qubit può stare simultaneamente in entrambi gli stati binari 0 e 1, o avere nello stesso istante gli spin ↑ e ↓, e altre espressioni simili, alla cui ripetizione i lettori reagiscono di solito con un senso di ammirazione perplessa e stupefatta.

Dai due fatti che l'entanglement è una correlazione naturale di stati molteplici, e che le probabilità molteplici possono essere viste come realtà molteplici coesistenti nacque l'idea di servirsene per eseguire calcoli in parallelo anziché in sequenza. Un fisico nucleare e un matematico, Paul Benioff e Yuri Manin, accennarono per la prima volta a questa idea nel 1980, indipendentemente l'uno dall'altro, e nel 1982 Richard Feynman[2] suggerì un primo modello generico di computer quantistico. L'idea di Feynman era che sembra inutile scomporre gli stati quantistici in termini di rappresentazione binaria per eseguire calcoli che richiedono immenso impegno di risorse e poi ricomporli, e che quindi valeva la pena di cercare di usare fenomeni quantistici come calcolatori di se stessi. A quel punto il calcolatore potrebbe servire per qualsiasi ordine di fenomeni descrivibili con vettori e matrici di algebra lineare. L'espressione di Feynman è citata spesso, e la ripetiamo qui per osservare che a prima vista suona veramente plausibile:

> "I'm not happy with all the analyses that go with just the classical theory, because nature isn't classical, dammit, and if you want to make a simulation of nature, you'd better make it quantum mechanical..."

A questo punto ebbe inizio il tentativo di definire in dettaglio la macchina teorica corrispondente al computer quantistico, e furono pubblicati i lavori di David Deutsch (1985), di Peter Shor (1994) e di Lov Grover (1996). Fu definita la notazione che abbiamo visto

---

[2] Richard P. Feynman, "Simulating physics with computers", *International Journal of Theoretical Physics* volume 21, pp. 467–488 (1982).

(ancora assente nella prima pubblicazione di Deutsch), e la questione prese la forma che conosciamo; in seguito furono realizzate molte varianti degli algoritmi, che un sito internet dal nome eloquente[3] mantiene accuratamente censite. Dal 2000 in avanti non si registrano novità sul piano della teoria e dei modelli matematici, ed invece stata tentata la costruzione dello hardware prima con poche unità di qubit, poi con qualche decina. Il libro di Bernhardt accenna alla situazione con un certo candore, parlando dell'algoritmo di Shor[4]:

> The algorithm has been implemented, but just for small numbers. In 2001, it was used to factor 15 and in 2012 it factored 21.

Diciamo che gli hacker, a cui l'algoritmo di Shor consentirà di prosperare violando le cifrature delle nostre transazioni bancarie su internet, avranno bisogno di vivere piuttosto a lungo per cogliere questa occasione. Nel 2020 la costruzione sembra avere dato risultati ancora molto instabili, e i circuiti implementati sembrano utilizzabili unicamente come sorgenti hardware di sequenze di numeri casuali. Vi è un fisico sperimentale, Mikhail Dyakonov, che ha espresso una visione completamente pessimista delle prospettive dello hardware[5].

L'intera vicenda si potrebbe descrivere distinguendo tre periodi. Il periodo tra il 1985 e il 1996 si potrebbe chiamare quello della verifica della potenzialità teorica del progetto, al termine del quale nessuno volle prendere atto del fallimento e riconoscerlo apertamente. Il secondo periodo, successivo al 1996, è quello sonnacchioso e di basso profilo: università e industrie informatiche tennero vivo il progetto perché tutto sommato avere un laboratorio di informatica quantistica dà lustro e se ne potrebbe sempre ricavare qualcosa, ma senza che l'attività richiamasse l'attenzione del pubblico. Il terzo periodo è quello della presente bolla, con investimenti che continuano a crescere mentre nessuno si prende cura di pensare a cosa potrebbe servire il computer quantistico una volta costruito. Non dovrebbe essere difficile individuare un momento decisivo della transizione dal periodo sonnacchioso alla

---

[3] quantumalgorithmzoo.org.

[4] Bernhardt, p. 175.

[5] Cfr. l'articolo "The Case Against Quantum Computing", 2018, in https://spectrum.ieee.org/computing/hardware/the-case-against-quantum-computing, e il libro *Will We Ever Have a Quantum Computer?*, Springer 2020.

bolla: un articolo[6] on line di *Nature* mostra che l'accelerazione si osserva dal 2012 in avanti, e sarebbe interessante ricercare il fattore che la ha scatenata.

Supponendo che nel futuro prossimo possa riuscire la costruzione di sistemi con un certo numero di qubit sufficientemente stabili per dare i risultati attesi, nessuno al mondo ha la minima idea di quale uso se ne potrebbe fare, se non di eseguire qualche gate reversibile e verificare i cinque algoritmi che conosciamo, privi di qualsiasi prospettiva di uso tecnico. Quindi, giudicando della situazione con i piedi per terra, la vicenda dello studio matematico delle potenzialità del computer quantistico compiuta negli anni dal 1985 al 1996 appare come lo svolgimento di una verifica opportuna e doverosa, ma priva di frutto: i due concetti di base, l'entanglement che si manifesta nell'impossibilità di misurare lo stato di un qubit indipendentemente dagli altri e la sovrapposizione risultante dalla considerazione delle probabilità come realtà potenziali distinte, non consentono di progettare un modello di calcolatore di alcun genere. Si finge che gli algoritmi quantistici siano tali, quando essi non sono in grado di dare altro che la ripetizione superficialmente tautologica delle informazioni implicite nell'input.

Tuttavia, c'è uno schema di ragionamento sottostante al presente fervore di iniziative e di investimenti nel campo del computer quantistico, e il problema è che esso si basa su premesse implicite che di solito sono date per scontate e taciute, o al massimo espresse confusamente. Cerchiamo di mettere in chiaro proprio le premesse, partendo dalle parole asserite con totale serietà nel libro di Nielsen e Chuang: "To design good quantum algorithms one must 'turn off' one's classical intuition for at least part of the design process, using truly quantum effects to achieve the desired algorithmic end", e riordiniamo quello che sappiamo per comprenderne il senso esatto, che corrisponde alla forma mentis di chi le ha scritte.

All'origine di tutto, c'è il fatto che esistono numerosi problemi importanti per i quali il computer basato sulla macchina di Turing, analitica e sequenziale, non è adatto: o non è in grado di trovarne la soluzione in tempi utili, o il lavoro di calcolo è molto pesante. I

---

[6] "Quantum gold rush: the private funding pouring into quantum start-ups", 2 October 2019,
https://www.nature.com/articles/d41586-019-02935-4

risultati della meccanica quantistica condussero a fare le due ipotesi che conosciamo. La prima ipotesi è che la correlazione naturale dello stato di talune particelle che si manifesta in ambienti isolati e privi di disturbi esterni, cioè l'entanglement, possa servire di base all'esecuzione di calcoli in parallelo. In un certo senso è un ritorno alle calcolatrici meccaniche, nelle quali numerosi ingranaggi ruotano insieme e non è necessario scomporre i dati fino alla unità minima di informazione del bit per eseguire i calcoli. La differenza è che in una calcolatrice meccanica la correlazione tra gli elementi rotanti deve essere progettata dal costruttore e non è assicurata, perché dipende dal buon funzionamento della macchina, mentre l'entanglement offrirebbe un fenomeno naturale nel quale determinati elementi si allineano tra loro spontaneamente e necessariamente: e questo dovrebbe essere il fattore vantaggioso della tecnica quantistica di calcolo, non offerto da nessun altro fenomeno naturale.

La seconda ipotesi è ancora più strana agli occhi della mentalità ordinaria, e riposa su certi principi metodologici "non classici" che accompagnano la meccanica quantistica, e dei quali qui non è il caso di parlare superficialmente. La seconda ipotesi è che il continuum di numeri reali, o complessi, che rappresenta le probabilità di uno stato perturbato di un vettore di qubit prima della misurazione consenta di manipolare grandi quantità di dati, idealmente infiniti, sulla base di un insieme finito e limitato di dati in input. Facciamo un esempio. Un problema di ottimizzazione molto complesso, e risolto in modo lento e mai pienamente soddisfacente dai software oggi disponibili, è quello dell'orario scolastico. Quando si affronta questo problema, si ha un calendario settimanale che bisogna riempire con i docenti disponibili, tenendo conto di numerose regole di buona formazione: ad esempio, un docente che insegna una data materia per due ore la settimana vorrà che questa materia sia distribuita in due giorni diversi, e così via. Il problema fondamentale nella ricerca di soluzioni rispettose delle condizioni di buona formazione, è che ogni docente insegna in più classi, e quando è in una non può essere in un'altra, perché non può avere il privilegio dell'ubiquità: in assenza di questo problema, il reperimento della soluzione sarebbe banale. Ora, se per esempio abbiamo una settimana di 30 ore e una scuola di 20 classi, abbiamo in tutto 30×20=600 ore di lezione da riempire, e gli orari che potremmo formulare in tutto sono 30^{600} (la formula è quella delle disposizioni con ripetizione), dei quali un gran numero sono impossibili fisicamente perché richiederebbero ai docenti il dono dell'ubiquità, altri sono scorretti perché non rispettano le regole di buona formazione, e qualcuno, o forse nessuno, soddisfa tutti i requisiti. Ovviamente nessun computer può esaminare le 30^{600} possibilità in tempi gestibili. Con tecniche di intelligenza artificiale, possiamo trovare soluzioni mediante iterazioni di tentativi che introducono componenti casuali e in qualche modo emulano la ricerca fatta dal cervello umano. Ma l'ipotesi sottostante all'idea del calcolo quantistico è diversa: noi dovremmo partire da un vettore dei 600 elementi di cui cerchiamo la struttura ordinata, assegnare valori qualsiasi che non soddisfano ciò che cerchiamo, avere una specie di visione del gate quantistico necessario, corrispondente all'insieme di condizioni formali da soddisfare, riuscire a comporre questo gate mediante i gate elementari universali, e da tutto questo lavoro ricavare il vettore finale ordinato. Le 30^{600} possibili soluzioni dovrebbero esistere solo nel continuum delle ampiezze complesse che descrivono lo stato intermedio del sistema, e con esse noi non dovremmo avere mai niente a che fare, perché nel cervello dell'essere umano che gestisce il progetto (cioè, del progettista di software quantistico) ci dovrebbero essere solo i dati in ingresso e la composizione dei gate quantistici che corrispondono alla regola per trovare soluzione. La situazione dovrebbe essere identica a quella del programmatore "classico", il quale applicando una regola non deve sviluppare tutto il dominio dei casi a cui essa si applica. Sopra, per introdurre l'algoritmo di Shor, abbiamo sviluppato un algoritmo elementare e tuttavia efficiente per trovare i fattori primi di numeri di diciotto cifre: non per questo abbiamo dovuto enumerare vettori di questa dimensione. Se tutto questo si verificasse, i problemi scomparirebbero: non sarebbero necessari vettori e matrici di dimensioni impossibili da gestire, e non sarebbe necessario il calcolo esplicito delle matrici U_f, le quali esisterebbero soltanto nella composizione dei gate universali, così come i fattori primi dei numeri a 64 bit in un certo senso "esistono" tutti insieme nelle poche righe del codice che consente di estrarli.

Quindi nel complesso ci sono tre ipotesi, non due. Due riguardano l'aspetto matematico, e sono quelle per cui l'entanglement dovrebbe consentire calcoli in parallelo e il continuum delle ampiezze complesse dovrebbe servire a eseguire calcoli su vettori e matrici di dimensioni altrimenti non gestibili. La terza ipotesi dipende dalle altre due, ma non riguarda né la matematica né la fisica quantistica, bensì la natura della specie animale risultante dall'evoluzione della scimmia alla quale abbiamo tutti l'onore di appartenere: ed è che il nostro apparato cerebrale dovrebbe prima o poi adattarsi al modo di pensare "non classico" e apprendere a vedere intuitivamente come disporre i gate del set universale in modo da sfruttare le potenzialità delle prime due ipotesi, così come oggi i programmatori sanno sfruttare le istruzioni dei microprocessori, i progettisti elettronici sanno disporre i componenti nei circuiti, i muratori sanno mettere in piedi un muro di mattoni, e così via: tutte cose che gli scimpanzé non sapevano fare, e per le quali occorre una fantasia creatrice e intuitiva in aggiunta alla capacità analitica.

Ora, ciò che è sconcertante, è che per capire che tutto l'edificio riposa su queste ipotesi bisogna ricorrere a uno dei testi più completi sull'argomento, quello di Nielsen e Chuang, il quale parla di queste cose all'inizio del primo capitolo[7], quando il lettore non è ancora preparato a capirle e non ha la minima idea di quello che incontrerà negli algoritmi quantistici, per non occuparsene più nelle successive 700 pagine. Leggendo per intero questa sezione apprendiamo che l'uso dei circuiti quantistici come calcolatore universale non è affatto una certezza, ma nient'altro che una congettura formulata da Deutsch, riguardo alla quale gli autori non sanno cosa pensare. A pagina 6 si legge:

> At the time of writing it is not clear whether Deutsch's notion of a Universal Quantum Computer is sufficient to efficiently simulate an arbitrary physical system. Proving or refuting this conjecture is one of the great open problems...

ma mentre leggendo questo difficile libro si ha modo di venire a sapere che la stessa possibilità teorica di un calcolatore quantistico è a oggi una mera ipotesi, nonché l'oggetto di una definizione alquanto generica, leggendo qualsiasi altra fonte di apprendimento più semplice questa nozione scompare completamente, e la capacità del computer quantistico viene presentata come una certezza, ripetuta tanto più enfaticamente quanto più superficiale è la fonte di informazione, per raggiungere il massimo negli articoli di giornale o in rete, che non si occupano mai di altro che della costruzione dello hardware.

Gli algoritmi quantistici che sono stati studiati trent'anni fa non rivelano niente di favorevole alle ipotesi: essi scompongono

---

[7] Sezione 1.1 da p. 1 a p. 12.

analiticamente i dati dei loro problemi, e usando mezzi inappropriati pervengono a soluzioni molto deludenti anche per chi avesse aspettative prudenti e limitate. La capacità di calcolo in parallelo è quella che si può avere con qualsiasi hardware costruito ad hoc per una data funzione, la capacità della sovrapposizione di risolvere dentro di sé i grandi numeri è ancora del tutto congetturale e non se ne è vista traccia da nessuna parte, e la capacità della mente umana di comporre gli algoritmi quantistici senza esplicitare i calcoli è altrettanto ipotetica. Ma nonostante questo, tutto ciò che viene scritto in questi giorni di grande entusiasmo per il quantum computing sembra rivelare che gli specialisti credano con forza alla prospettiva di vedere le tre ipotesi realizzate, e con tanta unanimità da trascinare il pubblico non competente, ma informato, a credervi con la stessa forza e senza il minimo dubbio: per esempio, mentre scrivo queste righe, vedo che il numero di *The Economist* in uscita ora[8] avrà un articolo dal titolo "Wall Street's latest shiny new thing: quantum computing – A fundamentally new kind of computing will shake up finance – the question is when", che riflette bene come tutto ciò che si pensa sia focalizzato sulla costruzione dello hardware.

Sia il pubblico dei lettori sia i giornalisti che si informano intervistando gli specialisti non hanno la minima idea del fatto che la questione fondamentale non è questa, e che se il diavolo costruisse per noi un computer quantistico funzionante, oggi nessuno avrebbe idea del modo di farne uso. Gli specialisti ci vedono chiaro solo quando hanno una visione complessiva del problema, e probabilmente l'estrema divisione del lavoro e delle competenze preserva in uno stato di innocenza molti addetti ai lavori. In particolare, è facile immaginare che coloro che hanno la missione di tentare di far funzionare i fenomeni quantistici in modo controllato e quanto più possibile stabile in modo da risolvere il problema dello hardware, si misurino con problemi di tale difficoltà e impegno da far sì che essi proprio non pensino all'aspetto del software, così come nell'informatica classica i tecnici elettronici non sarebbero stati mai le persone adatte per progettare i sistemi operativi, i linguaggi di programmazione e le applicazioni più complesse. Quanto a coloro che sanno che l'idea di usare i fenomeni quantistici e l'algebra lineare come principio di un calcolatore universale è a oggi una mera

---

[8] December 19, 2020.

congettura, tanto valore danno all'edificio della meccanica quantistica che verosimilmente commettono con leggerezza il peccato di omissione di non sottolineare questa circostanza. In fondo, nessuno si prende il disturbo di chiedere loro: "a cosa potrebbe servire, in dettaglio, un algoritmo quantistico?", e tutti si accontentano dell'idea generica che esso potrebbe servire a risolvere problemi di complessità superiore. Nell'atteggiamento degli specialisti c'è il riflesso della mentalità dell'ambiente umano nel quale è cresciuto questo progetto. Il computer quantistico non è il prodotto della visione di un genio, un precursore che ha una visione confusa inizialmente, e su cui investe a lungo le proprie energie, e alla quale il mondo è impreparato. Al contrario, questo progetto è il prodotto collettivo di una vasta comunità accademica che condivide una fiducia totale in una certa teoria, quella della meccanica quantistica, e il consenso indiscusso a questa teoria finisce per abbassare anziché innalzare il livello intellettuale della comunità rispetto ai singoli che la compongono. Chi arriva ad appropriarsi dei difficili concetti della meccanica quantistica, vive un'esperienza talmente vivificante ed esaltante, e ne ricava tali occasioni di soddisfazione sociale, che poi obiezioni volgari come quella che per far funzionare un algoritmo quantistico occorrerebbe gestire vettori della dimensione di milioni di cifre e in trent'anni a nessuno è venuto in mente un rimedio gli appaiono del tutto irrilevanti. O meglio, si abitua a non ascoltare nemmeno nel suo intimo queste obiezioni che pure si affacciano a chiunque approfondisca la conoscenza, perché quando il gioco sociale di una comunità ruota tutto attorno agli annunci entusiasti e all'ottimismo a ogni costo, il dubbio diventa una pratica antisociale dal prezzo troppo alto da pagare. E così, per gli spregiudicati, la situazione diventa quella descritta dalla favola dell'abito dell'imperatore, che finisce quando qualche innocente asserisce ingenuamente che il re è nudo.

7.4 Conclusione per investitori

Secondo chi ha scritto questo libro, il progetto del computer quantistico è un'illusione proveniente dall'interazione di molti fattori diversi: l'enorme prestigio della fisica quantistica, e soprattutto dell'interpretazione detta di Copenhagen; la difficoltà di formare persone che abbiano una visione d'insieme del problema; il fenomeno culturale nato attorno al tempo della prima guerra mondiale e vivo e vegeto nel nostro presente, per cui tutte le persone che hanno un certo livello di cultura inclinano a concedere una completa apertura di credito piena di ammirazione alle idee della fisica non classica, anche quando non ne hanno alcuna conoscenza e comprensione. L'autore di questo libro non scommetterebbe un centesimo sulla riuscita del progetto per l'opinione che si è fatta dell'impostazione generale di tutta la questione. Quando dopo il 1940 vennero costruiti i primi computer come il Mark I e l'ENIAC, è vero che erano state formulate poco prima le ipotesi teoriche di Turing sulla capacità universale di una macchina con date caratteristiche di risolvere algoritmi, ma il progetto si basava anche sulla cognizione chiara dell'uso proficuo più semplice che si potesse farne. Cioè, nessuno aveva idea dei sistemi operativi e delle architetture a venire, ma come si potessero usare quei calcolatori per produrre tavole dei valori numerici di funzioni utili si sapeva benissimo prima di costruire la macchina. Ora invece il contesto è profondamente diverso: il progetto del computer quantistico non nasce da una visione precisa del caso concreto a cui si potrebbe applicare, per quanto semplice, ma dalla fiducia illimitata che viene riposta in talune asserzioni generali di carattere più filosofico e metodologico che fisico, e che dovrebbero seguire e non precedere un progetto tecnologico, e si cerca di derivare il progetto da queste proposizioni generali divenute pregiudizi tanto forti da rendere ciechi di fronte all'evidente fallimento della verifica, fino al punto che gli specialisti, pur consapevoli della situazione, descrivono gli algoritmi di Grover e di Shor come se fossero dei successi, quando essi invece testimoniamo il contrario, è cioè che a nessuno è venuto mai in mente come si potrebbero usare seriamente entanglement e sovrapposizione per ottenere risultati computazionali non banali.

Per cui l'autore di questo libro scommetterebbe sul fallimento, ma questa, sia chiaro, è un'opinione che come tale non ha importanza. Questo libro è stato scritto per consentire agli investitori di decidere dell'opportunità di impiegare risorse finanziarie nei progetti connessi con il computer quantistico, e le conclusioni consistono quindi nelle domande che gli investitori, nel loro interesse, faranno bene a porsi, e soprattutto nell'identificazione esatta dell'oggetto del rischio dell'investimento.

Coloro che investono nei progetti connessi con la costruzione del computer quantistico, investitori di capitali propri o gestori di fondi di investimento, sono oggi nelle mani degli esperti, e sono costretti a decidere sulla base della consulenza degli esperti. Ora, dal punto di vista di una persona che comincia da zero e che volesse informarsi, ci sono diversi scenari possibili. Se torniamo all'inizio, e dimentichiamo ciò che abbiamo appreso sugli algoritmi, dobbiamo riconoscere che, una volta costruito, il computer quantistico potrebbe ricadere in uno di questi casi ed essere utile:

1. a niente.

2. a qualcosa, per problemi specifici.

3. a molto, accanto al computer tradizionale.

4. a moltissimo, fino a soppiantare il computer tradizionale.

Nei casi 2, 3 e 4 la valutazione di un investimento dovrebbe basarsi su un'analisi dettagliata dei costi e dei benefici e necessiterebbe del parere del fisico quantistico che conosce i problemi della costruzione dello hardware per dare una risposta alla domanda: quale è la probabilità di riuscire a costruire un computer quantistico efficiente, con quali tempi e quali costi? E quindi, nei casi 2, 3 e 4, un libro come questo nostro darebbe solo una risposta parziale, indicando quali potrebbero essere l'uso e i benefici provenienti da un computer quantistico funzionante, ma non dando nessun elemento riguardo ai tempi e costi.

Se invece lo studio degli algoritmi ci conducesse alla conclusione del caso 1, la conoscenza dell'aspetto puramente informatico sarebbe sufficiente per decidere di non investire: se una macchina è progettata in modo tale che una volta costruita non servirebbe a niente, ogni centesimo investito nell'impresa è destinato ad essere perduto. Se ci portassero il progetto di un'automobile con le ruote quadrate, non avremmo bisogno di costruirla per sapere che andremmo poco lontano. È vero che la ricerca potrebbe dare frutti collaterali non previsti, e che molte scoperte e invenzioni sono nate da ricerche che si proponevano scopi diversi. Ma in questa specifica vicenda la ricerca ha le radici in un contesto di equivoci e di pensiero confuso: investire nel quantum computing significa dare fiducia a un modo di pensare che a fronte del fallimento del tentativo di usare i fenomeni quantistici per il calcolo si è rifugiato nel dogma, e asserisce che quel fallimento è un successo senza alcuna ragione se non la suggestione e il pregiudizio. E a proposito dello stato confusionale della questione, c'è da fare ancora un'osservazione importante: mentre, come abbiamo visto, i trattati più rigorosi sono condotti dal fatto stesso di trattare l'argomento con completezza a riconoscere che non è stata concepita nessuna tecnica per usare un computer quantistico eventualmente funzionante, il resto di ciò che si scrive evita l'argomento del software come un tabù. Esiste un gran numero di pagine web che danno notizie sugli sviluppi degli investimenti e della ricerca, ma ciò di cui si parla è invariabilmente la costruzione dello hardware e il tentativo di ottenere qubit sufficientemente stabili per funzionare in modo controllato. Talvolta viene dato l'annuncio che questo o quell'esperimento ha raggiunto un nuovo livello di "quantum supremacy", ma poi leggendo con attenzione si scopre sempre che un certo dispositivo è stato fatto funzionare secondo il suo progetto e l'output è stato campionato; poi l'output è stato comparato al risultato di un calcolo, ma si tratta sempre di un calcolo di valori della funzione che descrive quella specifica configurazione hardware, senza che lo hardware possa calcolare niente di diverso. E questo assomiglia molto a sostenere (ma nessuno si renderebbe ridicolo con un asserto simile) che un filo d'erba cresciuto fino all'altezza di 10 centimetri ha calcolato la funzione della propria crescita risolvendo un sistema di equazioni complicatissimo: cosa che per scherzo si può dire, ma non trasforma un filo d'erba in un calcolatore, così come ogni altra cosa che funziona secondo regole descritte da funzioni non è per questo un calcolatore di queste funzioni. Ma insomma, il fatto principale è che del software non si parla, ed è verosimile che la comunità che lavora attorno al progetto del quantum computing si censuri in un processo spontaneo e del tutto automatico: ciascuno evita di parlare di ciò che non sa, ciascuno pensa che gli altri conoscano meglio di lui le cose riguardo alle quali i conti non tornano, e la comunità nell'insieme ha tutto l'interesse a far passare inosservato l'argomento.

Cosa vuol fare ora l'investitore: vuole fare l'atto di fede suggerito da Nielsen e Chuang e credere non solo che sia fondata la congettura che un computer quantistico possa esistere, ma anche che presto avverrà una mutazione della mente umana per cui ci renderemo capaci di progettare algoritmi efficienti per una macchina che, per quanto sappiamo oggi, non può servire a niente? Investa, se crede, ma capisca che non sta scommettendo sul successo della costruzione di un computer quantistico funzionante corrispondente al modello teorico odierno, che potrebbe anche avvenire nei prossimi anni, bensì sull'eventualità che gli uomini ricevano il dono di un'evoluzione delle loro facoltà nel modo desiderato dai fisici quantistici, anziché secondo la selezione naturale di Darwin, e quindi riescano a immaginare cosa farcene. Non è per fare dello spirito che dico queste parole, ma per cercare di esprimere la situazione surrealista di questa vicenda: enormi investimenti si stanno facendo su una congettura la cui verifica in trent'anni non ha dato nessun frutto, e gli investitori sanno che stanno scommettendo sulla possibilità di costruire un certo hardware che ha il suo prototipo in alcuni esperimenti, ma sono completamente all'oscuro del fatto che stanno investendo anche su una congettura (molto fragile) riguardante il software necessario. L'opinione dell'autore è che perciò il progetto sia destinato al fallimento: gli investitori trarranno la conclusione che sembra loro plausibile.

Se condividerà la conclusione pessimista, l'investitore esperto considererà che il fervore di investimento nei progetti per il computer quantistico è una bolla, simile alle tante bolle che sono esplose al mondo fin dal tempo della speculazione sul rialzo dei tulipani olandesi, attorno al 1637. C'è però una differenza con le bolle di cui si è fatta esperienza nella storia, che rende la vicenda del computer quantistico singolare e unica. Le bolle in genere si basano sulla prospettiva del rialzo illimitato: molti si rendono conto che un dato bene o un dato strumento finanziario sta raggiungendo quotazioni prive di rapporto con il valore d'uso o con i fattori necessari a produrre il bene, e tuttavia comprano ancora contando di riuscire a vendere prima che il rialzo si fermi e cominci il crollo della quotazione. Chi riesce a fare questo si appropria del capitale perduto da chi non vi riesce, e chi non vi riesce fallisce, o perché ha fatto male le previsioni o perché è stato così ingenuo da credere nel miracolo del rialzo illimitato. La presente bolla del computer quantistico invece non si basa sulla prospettiva del rialzo illimitato, ma sulla fiducia del pubblico in questo ragionamento: poiché la meccanica quantistica è una conquista intellettuale molto elevata, allora anche la sua applicazione tecnologica deve necessariamente essere molto efficiente. Il pubblico non competente vi crede in tutta buona fede, al punto di dispensare i competenti dallo spiegarci come potrebbe funzionare un computer quantistico per eseguire calcoli all'altezza delle aspettative. I competenti, il cui ruolo dovrebbe essere quello di illustrare la arbitrarietà di questa deduzione, invece sono i primi a prenderla per valida anche loro in buona fede, forse temendo inconsciamente che il fallimento del progetto tecnologico getterebbe ombra anche sulla parte teorica e ne incrinerebbe la presente supremazia.

Appendice: uso del progetto QcNooq

Il progetto *QcNooq* è disponibile per download alla pagina: www.zonabit.it/QcNooq. Sono disponibili separatamente:

- il setup del programma eseguibile *QcNooq* per Microsoft Windows (QcNooqSetup.exe);

- il codice sorgente (QcNooq.zip).

Se non volete compilare *QcNooq*, installate semplicemente il software ed eseguitelo per verificare l'output del codice di emulazione mentre leggete il libro.

Se volete compilare *QcNooq* in ambiente Windows, scompattate QcNooq.zip in qualsiasi cartella e aprite il progetto. Il codice sorgente include un progetto per Microsoft Visual Studio (QcNooq.vcproj) in una versione di alcuni anni fa. Qualsiasi versione recente di Microsoft Visual Studio convertirà il progetto automaticamente. La configurazione nel progetto è a 32 bit per compatibilità con versioni non recenti, ma l'utente potrà agevolmente compilare per 64 bit, e riscontrerà qualche leggero incremento della velocità di esecuzione.

È disponibile anche un altro progetto (QcNooqConsole.vcproj) che consente di compilare *QcNooq* come applicazione per console, senza interfaccia grafica Windows: questo non dà nessun vantaggio in ambiente Windows, ma può aiutare a portare *QcNooq* come applicazione console in ambiente diverso.

Se volete compilare *QcNooq* in ambiente diverso da Windows, dovete utilizzare il codice seguendo le istruzioni seguenti.

1. alcuni moduli non devono essere inclusi nel progetto perché contengono l'implementazione dell'interfaccia Windows, e sono i seguenti:

```
QcNooqButton.h
QcNooqDialog.h
QcNooqDlg.h
QcNooqStatic.h
QcNooq_ReadMe.h
stdafx.cpp
QcNooqButton.cpp
QcNooqDialog.cpp
QcNooqDlg.cpp
QcNooqStatic.cpp
QcNooq_ReadMe.cpp
```

2. alcuni moduli costituiscono una libreria completamente portabile di funzioni matematiche, e sono ricompilabili senza difficoltà in qualsiasi ambiente:

```
QCM_math.h
QCM_tools.h
QCM_complex0.cpp
QCM_format0.cpp
QCM_matrix0.cpp
QCM_matrix1.cpp
QCM_procs0.cpp
QCM_state0.cpp
QCM_tools0.cpp
QCM_vector0.cpp
```

3. l'ultimo gruppo delle sorgenti corrisponde ai capitoli del libro:

```
3:  QCP_matrix.cpp
4:  QCP_bitqubit.cpp
5:  QCP_gates.cpp
6.1:  QCP_deutsch.cpp
6.2:  QCP_deutsch_josza.cpp
6.3:  QCP_simon.cpp
6.4:  QCP_grover.cpp
6.5:  QCP_shor.cpp
```

e inoltre per l'applicazione console vi è il punto di ingresso in:

```
QCNooqConsole.cpp
```

Il codice sorgente dei moduli del terzo gruppo contiene prima l'implementazione del dialogo che ospita i tasti gli oggetti nell'interfaccia Windows, e poi il codice corrispondente agli esempi discussi nei capitoli corrispondenti. In tutto il programma, il codice applicativo riguardante l'interfaccia Windows è sotto la condizione della definizione del simbolo QCNOOQ_WINDOWS, che non deve essere definito fuori dell'ambiente Windows, né nella versione per console. Nella maggior parte dei casi il codice sotto la condizione QCNOOQ_WINDOWS può essere semplicemente omesso, e solo in qualche caso è necessario intervenire per fornire un dato richiesto in input. Per esempio, per provare l'algoritmo di Shor si trova il caso in cui il numero N viene letto da un box in ambiente Windows, e deve essere fissato nelle sorgenti o chiesto a utente:

```
#ifdef QCNOOQ_WINDOWS
 m_edit_number_16.GetWindowText(buf, 200);
 only_digits(buf);
#else
```

```
strcpy(buf, "15"); // to be done: input number
#endif
```

In tutti i casi il codice usa per l'output la seguente funzione, implementata con tre varianti:

```
extern void ListMatrix(char init, char *comment,
 int mrow, int ncol, qx *mtr, int hexacomment );
extern void ListMatrix(char init, char *comment,
 int mrow, int ncol, qx *mtr );
extern void ListMatrix(char init, char *comment);
```

la quale dirige l'output verso le due finestre previste dall'interfaccia Windows, quella superiore per informazioni generiche e quella inferiore per rappresentare le matrici risultanti dai calcoli. Il codice di ListMatrix() si trova nel modulo QCM_tools0.cpp e deve essere implementato nel nuovo ambiente, redirigendo l'output sulla console o sull'interfaccia grafica disponibile. La funzione da modificare è global_ListMatrix(), della quale in QCM_tools0.cpp vi sono sia la versione Windows sia una versione rudimentale per il caso dell'applicazione console.

Il programma costruito fuori dell'ambiente Windows dovrà avere un punto di ingresso che dovrà includere le definizioni dei moduli con prefisso QCP_ che si vogliono testare, allocare la classe del caso e chiamare la funzione da provare. Ad esempio, per provare il primo dei test previsti durante la lettura del libro, la moltiplicazione vettore per matrice, il programma sarà:

```
#include <stdio.h>
// include and create the QCP_ modules and
// CQCP_ classes you want to test:
#include "QCP_matrix.h"
static CQCP_matrix test_matrix;
int main (int argc, char *argv[] )
{
char buf[100];
 // call the test you want to perform
 test_matrix.QCF_Mul_Vector_Matrix();
 printf ("TEST FINISHED - PRESS ENTER"); gets(buf);
}
```

e per ogni altro caso, non si dovrà fare altre che includere il modulo QCP_xxx.h appropriato, allocare la classe e chiamare il test. Il codice interno alle classi con prefisso CQCP_ potrà essere modificato come si vuole per studiare il comportamento degli algoritmi in condizioni diverse.

Appendice: uso del progetto QcNooq

Quarta di copertina

Questo libro si rivolge a chi conosce semplicemente le nozioni basilari della programmazione di un computer. Non richiede alcuna nozione di fisica e consente di comprendere con totale esattezza e nel modo più semplice l'uso che si potrebbe fare di un computer quantistico spiegando passo dopo passo come si può scrivere il software di emulazione del suo funzionamento. L'usuale espressione che un qubit "è un oggetto che può stare simultaneamente in entrambi gli stati binari 0 e 1" perderà tutto l'alone di mistero che la circonda, e i lettori ne comprenderanno esattamente il significato e le implicazioni per l'uso informatico senza necessità di alcuna cognizione di fisica. Il libro descrive il computer quantistico trattandolo dal punto di vista strettamente informatico, semplicemente come una macchina che è in grado di trasformare un dato input in un dato output utilizzando qualsiasi principio fisico adeguato per funzionare, e così consente di acquisire familiarità completa con i gate quantistici e con gli algoritmi quantistici più celebri. L'unica condizione è che i lettori abbiano dimestichezza con qualche linguaggio di programmazione e con i concetti basilari dell'informatica classica: coloro che hanno queste cognizioni seguiranno senza difficoltà la descrizione degli algoritmi quantistici e comprenderanno il funzionamento dell'emulazione che è implementata nel libro, che sarà anche piacevole eseguire e verificare con il proprio PC.

La conoscenza che si acquisisce con questo libro è di vitale importanza per gli *investitori* perché consente loro di giudicare in autonomia sul rischio dell'investimento in questa tecnologia. Esso è stato scritto per *programmatori* perché la conoscenza dell'informatica di base è utile per capire esattamente a cosa potrebbe servire un computer quantistico, una volta costruito. Ma questa comprensione è indispensabile anche per gli *investitori* che devono valutare se e quanto sia opportuno rischiare investendo sullo sviluppo dell'informatica quantistica. Perciò anche gli *investitori* (investitori privati, consulenti, gestori di fondi di finanziamento delle iniziative tecnologiche ecc.) che vogliano decidere l'allocazione di risorse nel quantum computing con piena cognizione della posta in gioco, devono conoscere questo libro, e se non posseggono personalmente i prerequisiti necessari potranno servirsene incaricando qualche esperto di informatica di loro fiducia di leggerlo, capirlo e fare relazione riguardo al risultato.

Alberto Palazzi

Studioso di storia e filosofia della scienza e progettista di algoritmi informatici per la soluzione di problemi di complessità superiore, l'autore di questo libro è membro del team di consulenza *QcNooq* (www.zonabit.it/qcnooq), la cui missione è fornire agli investitori la chiarezza di vedute necessaria per decidere in materia di investimenti nel quantum computing.